SAPIX

日能研

四谷大塚

早稲田
アカデミー

中学受験
4大塾で
がんばるわが子の
合格サポート
戦略

YouTube「ホンネで中学受験」
個別指導塾 Growy代表
ユウシン

実務教育出版

はじめに

　はじめまして。中学受験メディア「ホンネで中学受験」、個別指導塾 Growy 代表のユウシンと申します。まずは、本書を手に取っていただき、心より感謝を申し上げます。

　私は中学受験を経験し、大学に進学後、家庭教師、大手集団塾の講師として中学受験業界に足を踏み入れました。そして、それまでの私には見えていなかったことに気がつきました。それは、「保護者の大き過ぎる負担」です。

　自分が中学受験生だった当時、プリントの整理や暗記の手伝い、塾選び、学校選びなど、すべてを親に頼っていましたが、ありがたみや大変さを微塵も理解していませんでした。

　講師として中学受験生のご家庭を見てみると、そこにはお子さんの中学受験がうまくいくように必死で奔走する保護者のみなさんの姿があったのです。私は親の立場ではありませんが、大人になってはじめて、そのありがたみが身に染みてわかるようになりました…。

　しかし、お子さんをサポートしたくても、具体的にどうすればいいのかわからない親御さんがあまりにも多いのが実情です。そこで、私は YouTube チャンネル「ホンネで中学受験」を立ち上げ、悩める保護者の方々に向けた情報発信をスタートしました。今では多くの方にご覧いただけるチャンネルとなり、本当にうれしい限りです。

ただ、YouTube では細かく話すのが難しく、どちらかと言うと抽象的で一般的な内容の発信にならざるを得ませんでした。多くの方にご覧いただきながらも、"深い"サポートができないことに歯痒さを感じていました。

　そんな中、書籍なら「ダイレクトにためになる情報」を伝えられると考えました。いわゆる教育本は、書かれている内容をお子さんにアジャストして実践する必要があり、そこが非常に難しいところです。本書では、書かれていることをそのまま実践したら一定の効果を得られるようにまとめました。

　具体的には、SAPIX・日能研・四谷大塚・早稲田アカデミーに通う小学校４～６年生の学習サポートについて、教材レベルまで細かく解説し、どの教材をどのように進めると良いのか、どの講座をどのように復習すると良いのかなど、家庭教師や大手塾講師として数々の生徒を指導してきた内容を惜しみなく注ぎ込みました。本書の内容を実践すれば、間違いなく今よりも実力をつけられるはずです。

　ただ、本書の内容を実践することにこだわるあまり、お子さんを顧みないことは避けるべきです。やることが多過ぎて消化不良になり、勉強嫌いになり、親子関係が悪くなるケースは少なくありません。その大きな原因は、子どもを置いてきぼりにしてしまっていることです。お子さんと話し合いながら、本書を参考に学習スケジュールを作成し、日々の勉強を進めてください。

　また、本書の内容は私の経験にもどづいた独断と偏見が含まれ

ており、各塾・各校舎、担当の先生がおっしゃることとは違う部分もあるかもしれません。その場合は、塾サイドの話と本書を照らし合わせ、お子さんに合う方法を選択していただけたらと思います。

　４大塾の特徴についても、それぞれ解説しているので、これから通塾を考えている方々にも参考にしていただけたら幸いです。

　中学受験は、素晴らしいものです。幼かった小学生が、「合格」という目標に向かって努力を重ね、成功も失敗も経験しながら成長していきます。生徒のそんな姿を見て、毎年感心させられます。そして、そこには親御さんの手厚いサポートが必要不可欠なのです。

　本書が、お子さんのサポートの一助になり、読んでいただいたみなさんにとって幸せな中学受験になるよう、心よりお祈り申し上げます。

2024 年 4 月
中学受験メディア「ホンネで中学受験」
個別指導塾 Growy 代表
ユウシン

第3章 日能研の合格サポート戦略

第4章 四谷大塚の合格サポート戦略

第5章 早稲田アカデミーの合格サポート戦略

カバーデザイン：榎本剛士（ted.）
カバーイラスト：川合翔子
本文デザイン・DTP：佐藤純（アスラン編集スタジオ）
イラスト：吉村堂（アスラン編集スタジオ）

本書の読み方

　本書は、中学受験の４大塾（SAPIX、日能研、四谷大塚、早稲田アカデミー）に通うお子さんをサポートしたい保護者の方、子どもと相性の良い４大塾を探したい保護者の方のための本です。第２〜４章で、それぞれの塾ごとに、小学４・５・６年生の国語・算数・理科・社会での具体的な塾サポート法を紹介しています。なお、2024年２月時点での情報をもとに制作しました。

① ポイント

各学年・各科目を学習するためのコツや、取り組み方についてまとめています。

② 主な教材

その科目の学習において重要な教材に絞って紹介しています。

③ 授業

４大塾における、各学年・各科目の授業頻度、成績アップにつながる授業の受け方などを紹介しています。

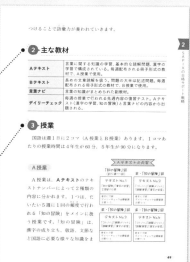

④ 学習の進め方

1日目

▷デイリーチェック

まずは、先週の復習テストである**デイリーチェック**を解き直しましょう。**デイリーチェック**の出題範囲は、前回の**デイリーサピックス**と**基礎トレ**になります。ただし、お子さんの学力に合わせて取り組む問題の範囲は異なってくるので、時には宿題で解いたことのない問題が出題されることもあります。

例えば、**デイリーサポート「確認編」**A～Dの問題のうち、宿題ではAとBしか解いていないのに、CとDから出題されることもあるということです。その場合、もしCとDを間違えても気にせず、「やっていなかったんだから、できなくても仕方ないよ」と声がけをし、直しもしなくて構いません。

逆に、宿題で解いたのに間違えた問題は、なぜ間違えたのかを考えて、解き直しをしましょう。

▷デイリーサピックス（Bテキスト）Ⅰ 4年生のみ

4年生は、まず**デイリーサピックス（Bテキスト）**に取り組みましょう。授業の記憶が新しいうちに、新単元についての学習に取り組んだ方がいいからです。

Bテキストはページの表と裏に同じ問題が印刷されているので、授業中に扱った問題の裏面を解きましょう。その後、丸付けを行って直しをします。解説を読み理解できたら、何も見ずに解くのが直しの鉄則です。余裕がある場合は、授業で扱って

62

④ 学習の進め方

4大塾における、学年・科目ごとの具体的な学習の進め方を紹介し、それぞれのテキストをどう取り組めばいいか提案しています。効果的な予習・復習方法についても触れています。

デイリーサポート「確認編」

テキストの名称はゴシック、テキスト内の項目は「 」で表記しています。

▷Aテキスト「漢字の学習」Ⅰ

「漢字の学習」は、新出漢字の紹介・漢字練習ページ（下図④参照）、読み取り・書き取りの問題（下図⑧参照）という構成になっています。結構分量があるので、1日目には新出漢字の紹介・漢字練習ページを学習してください。

漢字の学習で重要なのは「訓読み」と「用例」です。新出漢字の説明を読み飛ばす生徒が非常に多いのですが、しっかり読んで意味を理解しながら練習しましょう。そうすることで、漢字推理力も上がり、暗記効率も格段にアップします。さらに、用例の中で知らない単語があった場合、意味調べも行うと語彙の学習にもなりますよ。

漢字の書き取りは、細かい部分に注意を払いながら丁寧に行いましょう。たくさんマスがありますが、覚えられれば全マス

「漢字の学習」イメージ図

54

⑤ QRコード

QRコードを読み込むと、「ホンネで中学受験」の関連動画を見ることができます。

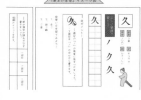

SAPIX　日能研　四谷大塚　早稲田アカデミー

②
4大塾の分析と相性

1
4大塾との相性を見極める

SAPIX

指導方針 ▶ 復習主義

SAPIXは、授業でその週の内容に初めて触れ、その後に宿題をこなすことで復習するというサイクルです。指導ごとに使用教材が配布されるため、物理的に予習できない仕様になっています。

指導方針 ▶ 少人数双方向の討論形式

SAPIXの授業の特徴として、まず「少人数」であることが挙

4年生
1週間のスケジュールサンプル

	6月10日 月曜日	6月11日 火曜日	6月12日 水曜日	6月13日 木曜日	6月14日 金曜日	6月15日 土曜日	6月16日 日曜日
07:00	基礎トレ	基礎トレ	基礎トレ	基礎トレ	基礎トレ	基礎トレ	基礎トレ
07:30	言葉ナビ	言葉ナビ	言葉ナビ	言葉ナビ	言葉ナビ	言葉ナビ	言葉ナビ
08:00	デイリーサピックス「デイリーステップ」		デイリーサピックス「デイリーステップ」	デイリーサピックス「デイリーステップ」	デイリーサピックス「デイリーステップ」	デイリーサピックス「デイリーステップ」	デイリーサピックス「デイリーステップ」
08:30							
09:00						デイリーサピックス（Aテキスト）[1]	
09:30						デイリーサピックス（Bテキスト）[2]	
10:00						デイリーサピックス「デイリーステップ」[1]	
10:30						デイリーサピックス「授業の確認問題」[2]	
11:00			学校				
11:30	学校	学校		学校	学校		
12:00							
12:30							
13:00						デイリーサピックス「確認問題」	
13:30							
14:00							
14:30							
15:00						デイリーサピックス「確認問題」[2]	
15:30							
16:00							
16:30	デイリーサピックス（Aテキスト）「計算力コンテスト」[		デイリーサピックス（Bテキスト）[1]				
17:00	デイリーサピックス（Aテキスト）				Aテキスト「知の冒険」「コトノハ」[1]「読解演習」「漢字の学習」[1]	Bテキスト	
17:30			デイリーサピックス「季節の図鑑」			Aテキスト「漢字」[1]	
18:00		算数・理科	デイリーサピックス「テーマ」	国語・社会		デイリーサピックス「デイリーステップ」[2]	
18:30	Aテキスト「知の冒険」[2]「コトノハ」[1]「漢字の学習」[1]		デイリーサピックス「ポイントチェック」		デイリーサピックス「テーマ」	デイリーサピックス「授業の確認問題」[1]	
19:00							
19:30					デイリーサピックス「デイリーステップ」[1]		
20:00							
20:30	デイリーサピックス「デイリーステップ」	デイリーチェック 直し		デイリーチェック 直し			
21:00	デイリーサピックス「授業の確認問題」[2]						
完了チェック							

■は塾の時間です　■は先週分の宿題です

⑥ 1週間のスケジュールサンプル

それぞれの学年の、1週間に取り組む内容の目安を可視化。基本的には、偏差値50のお子さん向けの内容としてまとめています。

理デイリーサピックス「確認問題」[1]

■の漢字は科目、□の数字は回数を表しています。

第1章

4大塾との相性を見極める

4大塾

① グラフで見る４大塾の特徴

◆ レベルの高い塾、宿題が多い塾はどこ？

　まずは、４大塾の特徴を知ることで、お子さんとの相性を見てみましょう。各塾の特徴は色々な要素で分解することができますが、一番わかりやすいのは「生徒のボリュームゾーン×宿題の量・難易度」と「サポートの手厚さ×費用」による分布です。

　ただし、それはあくまで「この塾にはこういう傾向があります」というもの。**実際の対応は、どの校舎でどの先生に習うかによっても異なります。**各塾のイメージをざっくり把握するためのものとお考えください。

　次ページのグラフは、タテ軸が「生徒のボリュームゾーン」です。各塾の平均的な生徒のレベルで、上からSAPIX、四谷大塚・早稲田アカデミー、日能研という順番になります。一般的にSAPIXは圧倒的な合格実績で知られていますが、そもそも生徒のボリュームゾーンが高いレベルにあることが最大の理由と言ってもよいでしょう。

　また、ヨコ軸の「宿題の量・難易度」は、上から早稲田アカデミー、SAPIX、四谷大塚、日能研という順番になります（あくまで全体的な傾向です）。塾の教材は塾生（特に上位層）向けに作られ、宿題も生徒やクラスにあわせて出されます。そのため、基本

的には生徒のボリュームゾーンにあわせて、量や難易度が上がっ
ていく傾向にあります。

　まずは、お子さんの学力や能力を鑑みて、背伸びせずに通える
塾を選ぶのがいいでしょう。入塾テストをギリギリ通過できるぐ
らいだと、下位クラスからスタートすることになり、抜け出すの
はなかなか大変です。最初に負担がかかると勉強嫌いになる可能
性もあるので、お子さんが無理せず学習できる塾を選びましょう。
「物足りないな…」と感じ始めた時に、転塾を考えたらいいと思
います。

◆ サポートが手厚い塾、費用が安い塾はどこ？

　次ページのグラフは、「サポートの手厚さ×費用」による分布
です。塾のサポート量・種類は、質問対応、宿題チェック、先生
との面談など様々です。

　タテ軸の「サポートの手厚さ」は、上から早稲田アカデミー・
日能研、四谷大塚、SAPIX という順番です。4大塾はいわゆる

大手で、生徒数が非常に多いです。そのため、どの塾もあまり積極的にサポートを持ちかけてくれません。ただ、その中でも生まれてくる一定の差から順位付けを行いました。

　ヨコ軸の「費用」は、上から早稲田アカデミー・SAPIX、四谷大塚、日能研という順番になります。オプション講座をどのくらい受講するかで変動しますが、4〜6年生の3年間の費用として、早稲田アカデミー・SAPIX は約260万円、四谷大塚は約230万円、日能研は約200万円になります。

　しかも、中学受験の費用はこれだけではありません。実際には、教材や文房具代はもちろん、受験が近づき成績をさらに上げるために家庭教師をお願いしたり、個別指導塾に通ったりすることもあり得ます。ネットに書かれている情報よりもかかると考えて、余裕を持って計画した方がいいでしょう。次のページから、個別にそれぞれの塾について説明していきます。

② 4大塚の分析と相性

SAPIX

指導方針 ▶ **復習主義**

　SAPIX は、授業でその週の内容に初めて触れ、その後に宿題をこなすことで復習するというサイクルです。毎週ごとに使用教材が配布されるため、物理的に予習できない仕様になっています。

指導方針 ▶ **少人数双方向の討論形式**

　SAPIX の授業の特徴として、まず「少人数」であることが挙げられます。1クラスあたり、だいたい15〜20名ほど。その少人数による黒板を用いた授業の中で、先生との対話を非常に重要視しています。授業中の先生からの問いかけに対して積極的に発言して考えられると、学力アップにかなりの効力を発揮すると言えます。

システム ▶ **テスト**

　SAPIX には、「マンスリーテスト」という月例テストがあります。だいたい3〜4週分の範囲から出題されます。このマンスリーテストの結果で、クラスの昇降が決まります。

　クラスの昇降は、多くの SAPIX 生にとっての目標となります。

毎週の宿題とテスト対策をしながら、マンスリーテストに全力を注ぐというのがSAPIX生のイメージです。

　また、「組分けテスト」という範囲なしのテストも年に数回行われます。マンスリーテストはクラスの昇降幅が上下2、3クラスですが、組分けテストは際限なくクラスアップすることもクラスダウンすることもあります。

「塾のテストなんか関係ない」と思える受験直前の時期になるまでは、マンスリーテストと組分けテストでどこまで成績を取れるかというのが、最大の目標になるのです。

いざ、
マンスリーテスト！

システム ▶ オリジナル教材

　SAPIXの教材は、すべてオリジナルです。冊子形式になっており、毎週の分が週ごとに配布されます。しかも、1教科で数冊もあります。この時点で想像がつくと思いますが、4教科分すべて合わせると、とんでもない量になるのです。

　そのため、**教材管理は親御さん主導で確実に行うべきです**。多くのSAPIX生のご家庭に伺っていますが、教材の管理をお子さ

んまかせにしていると、教材をなくしたり、探すのに時間がかかったりしています。そこは、ぜひ親御さんがサポートしましょう。

システム ▶ **通塾頻度**

通塾頻度は標準的で、4年生は週2、5年生は週3、6年生は週3（後期は週4）になります。オプション講座などがほぼないため、6年生の直前期になっても週4は固定です。塾のない日がしっかりあるため、その日に過去問や宿題に取り組む時間を作れます。逆に言うと、**家庭学習でどこまで質と量を担保できるかが課題になります**。だからこそ、SAPIX生は個別指導塾や家庭教師をつける割合が高いのかもしれません…。

合格実績

合格実績は目を見張るものがあります。御三家などの最難関校への合格者数は、4大塾においても圧倒的です。なぜ、ここまでの実績を出せるのかに関しては様々な理由があると思います。しかし、大きな要素として間違いなく言えるのは「優秀な生徒が集まるから」でしょう。

教材の難易度はかなり難関校向けで、宿題の量も多い。それに耐えられる生徒は、必然的に優秀な生徒と言えます。実際、SAPIXの模試は他塾の模試と比べても偏差値は低くなる傾向にあります。つまり、全体的にレベルの高い生徒が集まっているということです。

　だからこそ、小学校や保護者の間でSAPIXに通っていること自体がステータスとなっている現状もあります。ただ、盲目的にSAPIXを選んでしまうと、宿題の量も問題の難しさも上級レベルのため、入ってから苦労する生徒が多いのです。

　試しに入塾するのはアリだと思いますが、**うまくいかなかったら転塾する選択肢を持っておくことは非常に重要です。**

SAPIXをオススメしたい人

- 親がサポートできる（家庭教師や個別指導塾でも可）
- 競争意識がある
- 優等生タイプである

　まず、「親がサポートできる」について。SAPIX は宿題の量も多く、お子さん 1 人でスケジュールや教材の管理をすることが難しい塾です。また、問題のレベルが高いことから、勉強中にわからない問題に出くわすこともあります。

　そういった時に、しっかり解決するためのサポートが必要です。親御さんが手取り足取り教えることができればいいのですが、5 年生以上になると大人でも理解するのが難しい問題もあります。家庭教師や個別指導塾で見てもらえたらいいのですが、費用がかかるので、なかなか難しい方もいると思います。いずれにせよ、**手厚いサポートができるご家庭でないと、SAPIX でうまく成績を伸ばすことは難しいでしょう。**

　次に、「競争意識がある」について。SAPIX は、毎月のようにクラス変動があるとお伝えしました。多いところで 20 クラスある校舎もあり、毎回のテストでクラスが変わるのも珍しくありません。つまり、**毎月、クラスが上がったり下がったりするストレスと戦わなくてはいけません。**

　中には、クラスが落ちてやる気をなくしてしまうお子さんがいることも事実です。そのため、常にクラスアップを目指してがんばり、クラスアップを喜び、クラスダウンを悔しがるように、感情をバネにできるお子さんがうまくいきやすいのです。

　最後に、「優等生タイプである」について。つまり、「宿題を素直にしっかりこなすことができる」ということです。親御さんが学習スケジュールを作成するのは必須のサポートですが、それができたとしても、スケジュール通りに進める真面目さと学力がないとうまくいきません。スケジュールにもよりますが、宿題をこなすために必要な能力が他塾より高いのが SAPIX です。宿題の

量が多いので、物事をスピーディーにこなせるタイプのお子さんが向いていると言えるでしょう。

SAPIXをオススメしたい人

親がサポートできる　競争意識がある　優等生タイプ

日能研

指導方針 ▶ **学び方は成長とともに**

　日能研は、SAPIXに比べると、無理なく中学受験を進めることができる塾です。子どもの成長過程に合わせた学びをしていく指導方針で、小学3年生からを次の5つのステージに分け、ステージごとに学びの形態が変化していきます。

　小3（ステージⅠ）：学びとともに学ぶ仲間と「出会う」

　小4前期（ステージⅡ）：未来へつながる学び方に「親しむ」

　小4後期～小5前期：学び方の視点や知識を「広げる」
　（ステージⅢ）

　小5後期～小6前期：自分の学び方や考え方を「深める」
　（ステージⅣ）

小6後期（ステージⅤ）：合格力を徹底的に「鍛える」

　教材や授業はこのコンセプトに基づいたものになっていて、無理なく宿題に取り組むことができます。

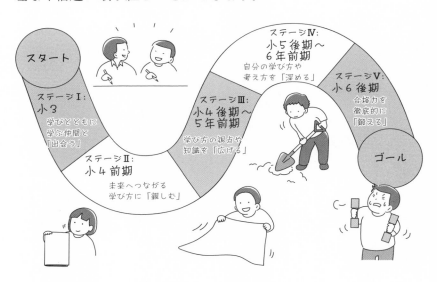

システム ▶ テスト

　日能研のテストのメインは2つ、「育成テスト」と「全国公開模試」になります。

　育成テストは二週に1回（6年生は毎週）行われ、その2週間の内容を中心に習熟度を測ります。

　全国公開模試は、日能研生以外も受けることのでき、範囲なしの実力模試です。首都圏を中心に、約12,000人もの受験者がいるほど大規模です。なお、この育成テストと全国公開模試の2つの成績を加味してクラス分けがなされます。

システム ▶ 席順

　クラス内での席順は、成績の良い生徒が前から座る形になっています。これは、クラス変動が少ないことも理由の1つだと思いますが、中には抵抗のあるお子さんもいるかと思います。「視力が弱いので席を前にしてほしい」という要望は受け入れてもらえるはずなので、事情がある場合は掛け合ってみてください。

システム ▶ Nバッグ

　日能研生と言えば、「N」と書かれた青色の四角いバッグをイメージする方が多いと思います。実は、これは強制ではありません。抵抗がある方は、好きなバッグを使うことができます。

システム ▶ 教材

　日能研はオリジナル教材を使います。半年分の内容が1冊の本としてまとまっており、非常に分厚いです。慣れてしまえば問題ありませんが、デメリットに感じる方もいるかもしれません。

　また、モノクロのテキストなので、正直お子さんが「楽しい」と感じる可能性は低いと思います。理科や社会は、図や写真など

を見ることが重要なので、資料集なども活用しながら学習する必要があります。

　一方のメリットは本としてまとまっているので、管理がラクなことです。これなら、お子さん主導でも教材を管理できるでしょう。

システム ▶ 通塾頻度

　通塾頻度は、4年生が週2＋隔週で育成テスト、5年生が週3＋隔週で育成テスト、6年生が週4（テスト含め）になります。オプション講座があるので、生徒によって違いは出てきます。テストが授業とは別になっているので、通塾頻度は意外と多いです。ただ、1回あたりの授業時間が短いので、全体として負担は重くないでしょう。

　ただ、そのように言えるのは5年生まで。6年生になると、宿題の量も通塾頻度も増えます。**5年生までは他塾と比べて進度もゆっくり、宿題の量も無理なく進められる程度ですが、受験に帳尻を合わせるために、6年生から一気に加速します。この加速についていけない生徒が少なからずいるのも事実です。**日能研を選ぶなら、そこは覚悟の上で通うしかありません。

宿題も多くないし
余裕！

一気に
加速したーッ

| 5年生 | 6年生 |

合格実績

　合格実績の傾向としては、中堅校〜難関校に強いと言えます。日能研のカリキュラムがゆっくりであることや、宿題の量が比較的少ないことから、中堅校や難関校を目指すのにピッタリな塾と言えます。

　最難関校には行けないのかと言うと、そんなことはありません。実際、数字としてしっかり出ていますし、TMクラスなど最難関校を目指すための講座やクラスがあります。中堅校〜難関校に強いですが、最難関校も十分に目指せる塾であることは保証します。

日能研をオススメしたい人

- 無理せずに中学受験をしたい
- じっくり考えることが得意

　まず、「無理せずに中学受験をしたい」について。ここまでご説明してきたように、日能研はカリキュラム的にも宿題の量的にも、中学受験の準備をほどほどにすることが可能な塾です。6年生からのペースアップには注意が必要ですが、5年生まででしっかり学習習慣を身につけながら受験学年を迎えることができるので、4大塾の中では最も無理せず中学受験ができると言えます。

　次に、「じっくり考えることが得意」について。日能研の教材は、説明文を読み、そこから解き方などをじっくり考える内容になっています。量をこなして反復することで学力をつけるというよりは、時間をかけて考えながら学習するスタイルが合うお子さんがマッチするでしょう。

日能研をオススメしたい人

身の丈に合ってる

> 無理せずに中学受験をしたい <

> じっくり考えることが得意 <

四谷大塚

指導方針 ▶ 予習主義

　四谷大塚は、４大塚の中で唯一「予習主義」を掲げています。予習をして授業に臨み、宿題を通して復習していくスタイルです。

　ただ、このスタイルはお子さんによって合う・合わないがあります。なぜなら、予習は自力でテキストを読み進めなくてはいけないため、ハードルの高い学習だからです。さらに、メインで使う**予習シリーズ**は、近年難易度が上がっており、もはや「予習できないシリーズ」と揶揄する声もあります。

　ただ、その分予習でそこまで多くのことを求められるわけではなく、実際は説明を読んだり、例題を解いたりするなどの内容です。しかし、それでも「難しい」と感じるお子さんも少なくありません。そのあたりは、お子さんの適性をよく見て判断してください。

システム ▶ テスト

　四谷大塚生が受ける主なテストには、「週テスト」と「組分け
テスト」があります。

「週テスト」は、その週に学んだ内容の習熟度を測るために毎週
末にまとめて実施されます。この週テストが重荷になる人もいま
す。週テストに備えて、平日に習ってきた内容をある程度固めて
おく必要があります。しかし、固まり切らないうちに受けている
人がとても多いのです。

　そして毎回、点数も偏差値もしっかり出るので、精神的に負担
になることもあります。**週テストはあくまでも教材の一部ととら
え、「直しをしっかり取り組めばいいか」ぐらいに考えておくの
がいいでしょう。**

　一方の「組分けテスト」は、5週分の内容から出題され、5週
に1回実施されます。この結果で、クラスの変動が行われます。

システム ▶ 予習ナビ・復習ナビ

　四谷大塚は、コロナ前から映像授業をいち早く取り入れていま
す。その映像コンテンツのメインが「予習ナビ」と「復習ナビ」

です。

　予習ナビは、**予習シリーズ**の内容をもとにした映像授業で、授業後に宿題に取り組む時などに活用します。復習ナビは、週テストで間違えた問題の解説授業を見ることができます。わからない問題を解決するのは、家庭学習で最も大変なことですが、これらを使うことで、かなりカバーできるのです。

　しかし、**映像を見て学ぶことも、お子さんによって向き不向きがあるのは事実です**。そのため、実際は予習ナビ、復習ナビをほとんど使っていない子がいるという現状もあります。お子さんが映像授業に慣れていて、しっかり集中して学ぶことができる場合は、かなり有効なコンテンツになるでしょう。

システム ▶ 教材

　四谷大塚は、自社が開発した**予習シリーズ**をメイン教材として扱います。これは、受験生の2人に1人が利用しているとも言われる中学受験業界の大定番です。その名の通り、予習前提の構成となっており、単元の導入はかなり丁寧に説明されています。さらに、演習用の教材も充実しているため、中堅校から最難関校ま

で確実にカバーできます。

　しかし、近年、**予習シリーズ**が改訂されるたびに、少しずつ難関校向けの内容になってきていると感じます。そのため、中堅校を目指すお子さんにとっては、ついていくのが大変かもしれません。幅広い受験生層に対応できるのは事実ですが、どちらかと言うと難関校を目指す生徒寄りの教材になってきていることは念頭に置いてください。

システム ▶ 通塾頻度

　通塾頻度（ひんど）は、４年生が週３、５年生が週３（特別講習を受講すれば週４）、６年生が週４（特別講習を受講すれば週５）になります。標準的と言えます。

合格実績

　合格実績は、良くも悪くも特に偏（かたよ）りはありません。中堅校から最難関校までまんべんなく合格者を出している印象です。

　そのため、四谷大塚を選ぶとしたら、合格実績はあまり参考にしなくてもいいでしょう。むしろ、予習主義、動画授業などの特徴をどうとらえるかが判断のポイントになります。

四谷大塚をオススメしたい人

- 予習主義に対応できる
- 映像コンテンツに対応できる

　まずは、「予習主義に対応できる」について。先にも書きましたが、テキストベースの教科書をもとに予習するというのは、意

外と簡単ではありません。予習ナビなどのコンテンツがあるとはいえ、満足に予習して授業に向かうことができるのはそれなりに優秀な層でしょう。ですので、お子さんが予習して学ぶためには、親御さんのサポートが不可欠です。

しかし、仮に予習があまりできなくても、授業後にしっかり宿題をこなして復習を手厚くすれば回していくことができます。いずれにせよ、親御さんのサポートは必須です（サポートを必要としない塾は存在しないと思います）。

続いて、「映像コンテンツに対応できる」について。予習や復習でわからない問題がある場合、本来は塾の先生に質問したり、保護者の方や家庭教師に教えてもらったり、何かしらのサポートを受ける必要があります。それをサポートしてくれるのが、予習ナビや復習ナビです。これがうまく機能すれば、親御さんのサポート負担は抑えられます。映像を見て理解するのは意外と簡単ではありませんが、お子さんが得意であれば、強い味方になるでしょう。

四谷大塚をオススメしたい人

明日に備える！

予習主義に対応できる

映像コンテンツに対応できる

早稲田アカデミー

指導方針 ▶ **反復主義**

　早稲田アカデミー自身が謳（うた）っているわけではありませんが、塾の指導方針は「反復主義」と言えます。とにかく復習のためにこなす宿題の量が多い。そして、**同じような難易度の問題を、あらゆる教材で様々な角度から取り組み、反復することで学力をつけていくスタイル**です。

指導方針 ▶ **熱血指導**

　早稲田アカデミーは、いわゆる体育会系の塾というイメージです。宿題量が非常に多いと言いましたが、それも「気合いでやり切れ！」的なスタイルです。6年生の夏になると、鉢巻を巻いて授業を行うなど、とにかく熱い塾です。

　これには、好き嫌いが分かれると思います。この熱さによって、モチベーションが上がり、どんどん宿題をこなし、学力を身につける生徒も大勢います。お子さんのタイプを考えて選んでください。

システム ▶ テスト

　早稲田アカデミーは、基本的に四谷大塚のカリキュラムに準拠（じゅんきょ）している塾です。そのため、5週に1回、四谷大塚が実施している「組分けテスト」を受験し、その成績をもとにクラス分けが行われます。

　また、4・5年生は、隔週（かくしゅう）で塾オリジナルの「カリキュラムテスト」を受験します。2週分の内容を試験範囲として、習熟度を測ります。四谷大塚の「週テスト」が隔週（かくしゅう）になったようなものですね。「四谷大塚は毎週テストがあって大変だ」という声も多いので、それよりは余裕があります。ただ、6年生になると「カリキュラムテスト」に代わり、四谷大塚の「週テスト」を受けることになります。

システム ▶ 教材

　早稲田アカデミーでは、四谷大塚の**予習シリーズ**と塾オリジナルのテキストを使います。ただし、早稲アカでは予習は行いません。**予習シリーズ**のカリキュラムに沿って、オリジナル教材でさらなる演習を積みます。教材の種類が非常に多く、それらを用いながら反復します。

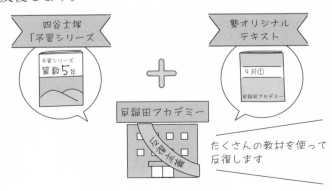

四谷大塚
「予習シリーズ」

予習シリーズ
算数5年

塾オリジナル
テキスト

9月①

早稲田アカデミー

早稲田アカデミー

たくさんの教材を使って
反復します

システム ▶ 通塾頻度

　通塾頻度は、４年生が週２＋隔週カリキュラムテスト、５年生が週３＋隔週カリキュラムテスト、６年生が週３＋週テスト（土曜日）＋志望校別特訓（日曜日）というイメージです。これ自体は、特に多くも少なくもない印象です。

　しかし、６年生になると、それまで隔週のカリキュラムテストが毎週の週テストになり、日曜日には志望校別特訓も入ってくるので、負担はかなり大きくなります。そこは、覚悟の上で選んでください。

合格実績

　合格実績として、最も特徴的と言えるのは、早慶の合格者数の多さです。これには様々な要因があると思いますが、私は「反復主義」が大きいと考えます。早慶は極端に難しい問題が出題されるわけではなく、典型的な問題をまんべんなく解ける力が必要です。そういった観点からすると、早稲アカの「反復主義」は相性が良いと思います。

　他には、４大塾と比較して、そこまで突出した部分はないと思

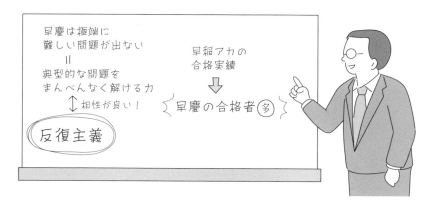

います。逆に言えば、最難関校を目指すこともももちろん可能だということです。

早稲田アカデミーをオススメしたい人

- 処理速度が速い
- 体育会系の雰囲気が合う

　まず、「処理速度が速い」について。早稲田アカデミーの宿題の多さは、４大塾の中でも最高レベルです。その量をこなすためには、処理速度が速くなくてはいけません。じっくり考えるタイプよりも、とにかく手を動かしてどんどん進めるタイプのお子さんが合うでしょう。

　次に、「体育会系の雰囲気が合う」について。そのままの意味ですが、早稲田アカデミーは熱い塾だとお伝えしましたね。講師も全体の雰囲気も熱いです。「とにかく受験に向かってがんばれ！自分に負けるな！」というムードなのです。それが合う生徒は鼓舞されて元気になりますが、逆に合わない生徒は興醒めしてしまうこともあるでしょう。

早稲田アカデミーをオススメしたい人

処理速度が早い　　　　体育会系の雰囲気が合う

③ 塾との相性が悪い時はどうする？

　塾との相性が悪いと、伸びる成績も伸びません。私が大手塾の講師として勤務していた時も、「この子は絶対にウチの塾じゃない方がうまくいく可能性が高いだろうな…」と思うことも正直ありました。塾との相性がよくないと判断する時の状態とは、主に以下の３つです。

- 授業についていけていない
- 宿題をやり切ることができない
- 塾に行きたがらない

◆ 授業についていけていない

　前提として、授業だけでその週の内容をすべてマスターできるわけではありません。ただ、お子さんが持ち帰ってくる内容があまりにも少ないと、通う意味はなくなってしまいます。

　授業についていけていないかどうかを判断するためには、教材やノートを見てみるとわかります。書き込みがほとんどなかったり、逆に落書きがたくさんあったりすると、集中しているとは言えません。その場合は、授業で集中できていない理由を分析し、それによってはクラスの変更、あるいは転塾の検討もアリです。

図：塾との相性がよくない ３つの状態 — 授業についていけていない／宿題をやり切ることができない／塾に行きたがらない

あるので、お子さんからの SOS に気づいてあげられるように注意してください。

転塾の可否とその時期

いくら慎重に塾選びをしたとしても、通ってみたらうまくいかないケースもあるでしょう。色々と対策を講じても、事態が好転しない場合は、勇気を持って転塾という選択も必要です。

転塾はなかなか勇気のいる決断だと思いますが、大いにアリだと思います。私の教え子にも、自分に合った塾に移ることでスムーズに受験を進められるようになった例はたくさんあります。重要なのはタイミングです。**転塾するならいつまでにやるべきか…ズバリ「5年生の終わりまで」**だと考えます。

日能研以外の塾は、5年生の終わりで社会以外の単元はすべて終わるようになっています。そのため、5年生の終わりまでの転塾なら、カリキュラムのギャップが少なくてすみます。

ただ、6年生になってから転塾が NG というわけではありません。私の友人で、6年生の夏休みに転塾して、最難関校の合格を勝ち取った例も実際あります。通っている塾と合わないと感じた場合は、勇気を持って転塾してもいいでしょう。

ズバリ5年生の終わりまで。
カリキュラムの
ギャップが最も少ないから

転塾するなら
いつまで？

スケジュールの立て方

　親御さんによる必須サポートが「スケジュールを立てること」です。学習スケジュールを立てないというのは、地図を持たずに知らない土地に行かせるようなもの。

　また、スケジュールを立てずに、その日その日でやることを決めていると、1週間のうちにやり残してしまうものも出てきます。そうなると、宿題の取捨選択をすることもできなくなります。大切なスケジュール作成の手順は以下です。

- 宿題をリストアップする
- 優先順位を決める（やらないものを決める）
- 空き時間に当てはめていく

　特に重要なのが、「優先順位を決める」です。保護者の方々は、「宿題をすべてやらないとダメだ！」と思い込んでいることが多いと思います。断言しますが、そんなことはありません！　基本を徹底的にすることが大切なのです。

　2章以降で触れる各塾の「学習の進め方」を参考に、**優先順位をつけて取捨選択した上で、「終わるスケジュール」を作りましょう。**この「終わるスケジュール」を作ることが最も大切です。はじめから全部詰め込んで、終わるはずのないスケジュールを作り、「計画は達成できないもの…」という感覚になってしまうと今後に響くので、くれぐれもお気をつけください。

第 2 章

SAPIX の
合格サポート戦略

小学校4・5年生の国語

1 ポイント

　SAPIX の国語は、文章読解の教材が特徴的です。かなりの長文を読んだ上で、記述中心の演習を行います。昨今の入試（国語）は、文章の長文化が著しいです。日頃から SAPIX の教材に取り組んでいたら、長文傾向に対応するために有利に働くでしょう。

　しかし、長い文章の教材は、国語が苦手なお子さんには難しく、退屈に感じる可能性もあります。その場合は **A テキスト**「読解メソッド」「読解演習」に取り組むことで、読解の基礎を養ってください（53ページで説明します）。なお、5年生の後半から「読解メソッド」は「解法メソッド」に変更され、文章の読み方から問題の解き方を練習するようになります。

　そして、**成績や科目を問わず、4・5年生は基礎を固めることが重要です**。国語の基礎と言えば、漢字・語彙力です。漢字・語彙力を身につけるための教材を、しっかり習慣化して取り組みましょう。

　基礎固めのためにもう1つ習慣化してほしいのが、**知らない言葉の意味を調べること**です。国語の文章を読んでいる時も、アニメを見ている時も、知らない言葉がたくさん出てくるはずです。その都度、辞書で調べたり、親御さんに聞いたりする習慣を身に

つけることで語彙力が養われていきます。

2 主な教材

Aテキスト	言葉に関する知識の学習、基本的な読解問題、漢字の学習で構成されている。毎週配布される冊子形式の教材で、A授業で使用。
Bテキスト	長めの文章読解を扱う。問題の大半は記述問題。毎週配布される冊子形式の教材で、B授業で使用。
言葉ナビ	言葉の知識がまとめられた副教材。
デイリーチェック	毎週の授業で行われる先週内容の復習テスト。Aテキスト（漢字の学習、知の冒険）と言葉ナビの内容から出題される。

3 授業

　国語は週1日に2コマ（A授業とB授業）あります。1コマあたりの授業時間は4年生が60分、5年生が90分になります。

A授業

　A授業は、**Aテキスト**のテキストナンバーによって2種類の内容に分かれます。1つは、だいたい5週に1回の頻度で行われる「知の冒険」をメインに扱う授業です。「知の冒険」は、漢字の成り立ち、敬語、文節など国語に必要な様々な知識をま

Aテキストの内容

「知の冒険」回
（約5週に1回）

テキストNo.1
「知の冒険」「漢字の学習」
大問約10問

巻末に次回
デイリーチェック出題範囲
大問1・2

非・「知の冒険」回

テキストNo.2
「コトノハ」「読解メソッド」
「読解演習」「漢字の学習」

巻末に次回
デイリーチェック出題範囲
大問3・4

非・「知の冒険」回

テキストNo.3
「コトノハ」「読解メソッド」
「読解演習」「漢字の学習」

巻末に次回
デイリーチェック出題範囲
大問5・6

非・「知の冒険」回

テキストNo.4
「コトノハ」「読解メソッド」
「読解演習」「漢字の学習」

巻末に次回
デイリーチェック出題範囲
大問7・8

とめて学習します。ここで学んだ内容が、毎週の**デイリーチェック**で細切れに出題されます（**デイリーチェック**の出題範囲は各テキストの巻末に掲載されている問題）。

　もう１つは、言葉と読解の学習をメインに扱う授業です。「知の冒険」メインの授業以外は、すべてこの形式です。「知の冒険」の替わりに、言葉に関しては「コトノハ」、読解に関しては「読解メソッド」に取り組みます。

B授業

　B授業は、**Bテキスト**を使って長文読解を扱います。授業の流れは、テキストを音読する→「確認しよう」「ならびかえてみよう」を解きながら文章の大筋を理解する（取り組まない場合もある）→「練習問題」に取り組む、となっています。

「練習問題」は記述問題が多く、授業中に解いて、その場で先生にざっくりと添削してもらいながら進みます。そのため、**まず自分なりの解答をしっかり書くことが大切**です。「解答を書く→先生に見てもらう→解説を受ける」というプロセスが成績アップには欠かせません。

　私もよく SAPIX 生を指導しますが、国語が得意な子の多くは授業中に記述問題の答えをちゃんと考えて書いています。読解力の伸びは、B授業への取り組み方にかかっていると言っても過言ではないので、まずは授

できたかな…

業の受け方をチェックしてみてください。

④ 学習の進め方

1日目

▶デイリーチェック

　塾から帰ってきたら、まずはその日の**デイリーチェック**の直しをしましょう。

　4・5年生国語の**デイリーチェック**は、先週のAテキスト「漢字の学習」「知の冒険」、**言葉ナビ**から出題されます。

　国語で非常に大切な語彙力や知識について確認するテストなので、毎回満点目指したいところです。

　デイリーチェックを解く時に特に注意したいのが、漢字についてです。漢字の採点は、かなり厳しくチェックされます。それは、実際の入試の採点で、かなり細かいところまで見られる可能性があるからです。日頃から漢字を丁寧に学習する習慣がないと、テストでも雑に書いてしまい減点される可能性があります。テストでは、できる限り丁寧にトメ・ハネ・ハライを意識してください。

　直しの際、間違えた漢字は3回ほど繰り返し練習して、「知の冒険」や**言葉ナビ**で間違えた問題は、テキストに立ち返って正しい答えを探すようにして直しましょう。

▶Aテキスト「知の冒険」①

　毎週の復習テストである**デイリーチェック**では、「知の冒険」

の一部が出題されます。その出題範囲の内容が毎週の**Aテキスト**の巻末に掲載されているので、そちらを取り組んでください。わからない問題は、「知の冒険」回の**Aテキスト**の説明を読み直しましょう。

「知の冒険」は、国語の基礎知識を学ぶ部分です。「知の冒険」で扱う文法・敬語・俳句などは、入試に出る頻度（ひんど）はそこまで多くないため軽視されがちですが、毎年それらの知識問題を出題する学校もあります。

とはいえ、6年生の直前期になって、そういった学校のためだけに国語の基礎知識を学習する余裕はありません。4・5年生のうちから、「知の冒険」にしっかり取り組み、コツコツと基礎固めをしておきましょう。

▶ Aテキスト「コトノハ」①

「コトノハ」は言葉に関する学習のページです。まず文章を音読して問題を解き、丸付け・直しを行います。その際、わからない言葉が出てきたら意味調べを行いましょう。辞書をただ引くだけでは「ふーん」で終わるので、その言葉

塾の宿題をやっていないので、うしろめたい。

をどのように使うのかまでイメージすることが重要です。

例えば、「うしろめたい」という熟語の意味調べをすると、辞書には「自分に悪い点があって、気がとがめる。やましい」などとあります。しかし、それを読んでも、なかなか自在に使え

るようにはなりません。そこで一番良いのは、自分で例文を考えてみることです。お子さんが思いつかない場合は、親御さんから例文を出してあげてください。「塾の宿題をやっていないので、うしろめたい。」など、イメージしやすい例文を一緒に考えてあげるといいですね。

▷ Aテキスト「読解演習」

「読解演習」は、短めの文章の読解問題になります。授業で教わった**Aテキスト**「読解メソッド」を思い出しながら、文章の線引きや読解を行いましょう。

　国語が苦手な子のほとんどはフィーリングで解いているので、「読解演習」は非常に有効な教材です。まずは文章を音読し、問題を解きましょう。肝心なのは「直し」です。国語が苦手なら、親御さんが一緒に直しに取り組んでください。解説にある論理的な解き方と照らし合わせながら解き直しましょう。

　国語が得意な子は、短時間で間違えずに解けるかもしれませんが、意外と論理的に解けていない場合も多いので、解説をしっかり読んで解き方のロジックを学んでください。

　授業で扱う「読解メソッド」の復習はできる限りするべきですが、その余裕がない場合もあるでしょう。その場合は、「読解メソッド」で学んだポイントを意識しながら、「読解演習」に取り組んでください。

「読解メソッド」で
習ったところだ

▶ Aテキスト「漢字の学習」[1]

「漢字の学習」は、新出漢字の紹介・漢字練習ページ（下図⑤参照）、読み取り・書き取りの問題（下図⑤参照）という構成になっています。結構分量があるので、１日目には新出漢字の紹介・漢字練習ページを学習してください。

漢字の学習で重要なのは「訓読み」と「用例」です。新出漢字の説明を読み飛ばす生徒が非常に多いのですが、しっかり読んで意味を理解しながら練習しましょう。そうすることで、漢字の推理力も上がり、暗記効率も格段にアップします。さらに、用例の中で知らない単語があった場合、意味調べも行うと語彙の学習にもなりますよ。

漢字の書き取りは、細かい部分に注意を払いながら丁寧に行いましょう。たくさんマスがありますが、覚えられれば全マス

「漢字の学習」イメージ図

◎ポイント！
・１画目の「ノ」の角度に気をつけましょう。
・３画目は「乀」の中心から書きます。

◎使い方を見てみよう！
1. 永久
2. 持久戦
3. 久遠

──部の漢字の読みがなを書きましょう。

究極のメニューを作る。

	一回目	二回目	三回目

正しい筆順で書こう

久

総画　3画
部首　ノ（の）
音　キュウ・ク
訓　ひさ-しい

ノ ク 久

埋めなくてもいいと思います。

2日目

▷ Bテキスト

Bテキストは、授業中に扱う長めの文章読解です。記述形式の問題が中心となっており、国語の力をつけるには強力な教材です。

まずは音読をして、授業中に扱った問題の答えを出すまでのプロセスを思い出しながら、あらためて解答を作ってください。丸付けは、親御さんが行うのがいいでしょう。この教材の解説は非常に役立つので、直しをする際は必ず読み、論理的に問題を解けるように学んでいきましょう。

ちなみに、**記述問題の採点は「要素加点方式」**です。解答に必要な要素があるごとに加点されます。解答例には必要な要素に傍線が引かれ、配点も書かれています。そちらを参考に丸付けを行いましょう。また、文末表現、てにをは、漢字についても注意が必要で、違和感があれば指摘してあげてください。

▷ Aテキスト「漢字の学習」②

まず、何も見ずにすべての読み取り・書き取り問題を解きます。丸付けは、できれば保護者の方がしてください。その際、しっかりトメ、ハネ、ハライについて厳しくチェックしてください。

間違えた問題については、3回ずつ書いて練習します。わからない語句が出てきたら、しっかり意味調べを行うと、語彙の

学習にもなって一石二鳥です。そもそも言葉の意味がわからなければ、漢字を当てはめることもできません。漢字と語彙の学習は表裏一体なので、どちらもしっかり学習しましょう。

トメ、ハネ、ハライ…

3日目

▷ Ａテキスト「知の冒険」 2 「コトノハ」 2 「漢字の学習」 3

Ａテキスト「知の冒険」「コトノハ」「漢字の学習」において、間違えた問題を解き直しましょう。

「漢字の学習」に関しては、解き直しでもミスした問題は3回ずつ書いて練習しましょう。ただ、テキストの構成上、1回目の解答が残っている状態で解き直すと、隠しながらやりづらかったり、どうしても答えが見えてしまったりします。

そこで、あらかじめテキストをすべてスキャンして、その都度新しく印刷すると、まっさらの状態で取り組めます。一見面倒ですが、後々ラクになりますよ。

▶ 言葉ナビ

　言葉ナビは、国語の語句を学ぶ副教材です。毎週の**デイリーチェック**で出題される範囲を二周できるように、１日に取り組むページ数を設定してください。

　単純に「出題範囲ページ×２倍÷７日」のページ数を毎日行うのもいいと思います。また、６日間で１週間分の範囲を取り組み、**デイリーチェック**のある授業日の前日に一周目で間違えた問題を見直すのもいいでしょう。

　ただ、一周目でたくさんミスすると、二周目を授業前日だけで行うのは難しくなります。その場合は、最初の４日間で一周目の範囲を終え、残りの３日間で二周目を行うなど、お子さんに合わせてペースを調整しましょう。

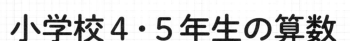

小学校4・5年生の算数

1 ポイント

　SAPIXの4・5年生の算数において、最も重要な課題が**基礎力トレーニング**（以下、**基礎トレ**）です。とにかく、この**基礎トレ**を毎日行いましょう。学習習慣をつける意味はもちろん、計算力を身につけ、基礎的な問題を押さえることができます。

　そして、その週のメインの宿題である**デイリーサポート**（5年のみ）・**デイリーサピックス**は、できる範囲の問題を二周しましょう。SAPIXで算数に苦しんでいるお子さんの多くは、宿題を全部こなそうとするあまり、中途半端になっています。まずは、**無理せずできる範囲の問題を繰り返すことで、"確実に解ける状態"にすることが重要です。**

　そのためには反復はもちろんですが、同じくらい「直しの質」が重要です。ありがちなのが、解答・解説や授業ノートをチラチラ見ながら解き直しをすること。これではテストで「解ける」ようにはなりません。そうならないように、間違えた問題は解答・解説や授業ノートを見直し、「わかった」と思ったら"何も見ずに"自力で解き直しましょう。

　そして、後日、間違えた問題をさらに解き直すと、「質」と「量」がともなった学習になるのです。

2 主な教材

4年生

デイリーサピックス	Aテキスト（先週の復習）とBテキスト（新出単元）に分かれている教材（B5冊子）。同じ問題が表と裏に印刷されており、復習がしやすい。
基礎力定着テスト	通常授業前に毎回行われる、2週間前の内容が出題されるテスト。
デイリーチェック	毎週行われる先週の授業内容の復習テスト。
基礎力トレーニング	毎日取り組む、計算と基礎問題を合わせた問題集。

5年生

デイリーサポート	その週の単元の問題がすべて掲載されている教材（B4）。授業では「復習編」「アプローチ編」を、宿題では「確認編」を使用する。同じ問題が表と裏に印刷されている。
デイリーサピックス	復習用の教材で、デイリーサポートの類題が掲載されている（B5冊子）。同じ問題が表と裏に印刷されており、復習などがしやすい。
基礎力定着テスト	通常授業前に毎回行われる、2週間前の内容が出題されるテスト。
デイリーチェック	毎週行われる先週の授業内容の復習テスト。
基礎力トレーニング	毎日取り組む、計算と基礎問題を合わせた問題集。

3 授業

　算数は週1日に2コマ（A授業とB授業）あります。1コマあたりの授業時間は4年生が60分、5年生が90分になります。

4年生のA授業

　デイリーサピックス（Aテキスト）を教材として使用し、前週の復習とプラスアルファの内容について学習します。

授業前に前週の内容を確認するテスト（**デイリーチェック**）が行われるので、ここでしっかり点数を取ることを目標にしましょう。

　また、授業中に先生から解くように指示があった問題は、まずは自力で解いてください。前週の復習の要素も大きいので、どんどん解きながら先週の内容を固めます。

４年生のＢ授業

　デイリーサピックス（Ｂテキスト）を教材として、新出単元について学びます。サピックスは予習ができないので、授業ではじめての考え方に触れます。しかも、分量がそれなりにあるため、いかに授業中に習得できるかが重要です。

　１クラスの人数はそんなに多くないので、先生との掛け合いの機会がたくさんあるはずです。積極的に発言し、指示された問題はその場で実際に解き、自分なりに考えましょう。

５年生のＡ授業

　前週の復習として、先生が**デイリーサポート**「復習と演習編」から選んだ問題が解説されます。

　さらに、前回の**デイリーサピックス**と**基礎トレ**の確認テストである**デイリーチェック**が行われます。まずは、ここで毎週しっかり点数を取ることを目標にしましょう。

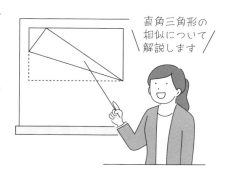

直角三角形の相似について解説します

ちなみに、復習のメインは新単元のＢ授業の内容です。Ａ授業でやる「復習と演習編」についても復習しますが、Ｂ授業の復習にできるだけ時間を割けるよう、授業に集中しましょう。

　５年生になると４年生より負担が一気に増え、毎週の復習が回りづらくなります。家庭での勉強時間を増やす手もありますが、一番手っ取り早い対策は塾でほとんど理解してしまうことです。授業でわからなければ、授業後に設けられている「質問教室」で積極的に教えてもらいましょう。

5年生のＢ授業

　その週の新出単元について学びます。**デイリーサポート**「アプローチ編」から、クラスごとに先生が選んだ問題が解説されます。

　新しい解き方や概念の導入がなされますが、単元によっては苦手と感じることもあるはずです。５年生だと、「割合」「速さ」「相似」などが鉄板の苦手単元です。

　その場合は、家庭学習で挽回するしかありません。他の科目に割く時間を算数の復習に回すなどして、いつも以上に手厚くサポートしてあげてください。一番大事な科目は、まぎれもなく算数ですからね。

④ 学習の進め方

1日目

▷ デイリーチェック

　　まずは、先週の復習テストである**デイリーチェック**を解き直しましょう。**デイリーチェック**の出題範囲は、前回の**デイリーサピックス**と**基礎トレ**になります。ただし、お子さんの学力に合わせて取り組む問題の範囲は異なってくるので、時には宿題で解いたことのない問題が出題されることもあります。

　　例えば、**デイリーサポート**「確認編」A〜Dの問題のうち、宿題ではAとBしか解いていないのに、CとDから出題されることもあるということです。その場合、もしCとDを間違えても気にせず、「やっていなかったんだから、できなくても仕方ないよ」と声がけをし、直しもしなくて構いません。

　　逆に、宿題で解いたのに間違えた問題は、なぜ間違えたのかを考えて、解き直しをしましょう。

▷ デイリーサピックス（Bテキスト）① 4年生のみ

　　4年生は、まず**デイリーサピックス（Bテキスト）**に取り組みましょう。授業の記憶が新しいうちに、新単元についての学習に取り組んだ方がいいからです。

　　Bテキストはページの表と裏に同じ問題が印刷されているので、授業中に扱った問題の裏面を解きましょう。その後、丸付けを行って直しをします。解説を読み理解できたら、何も見ずに解くのが直しの鉄則です。余裕がある場合は、授業で扱って

いない問題にも取り組んでみましょう。

また、この教材に限りませんが、4年生のうちに「スペースの使い方」を見てあげてください。式や筆算をあちこちの余白に書き散らかすと、後で矯正するのが大変です。何よりケアレスミスを誘発します。

文字は濃くはっきり、スペースの左上から書き始めて、問題番号を書き、縦横揃えて整理して解けるようにサポートしてあげてください。

水そうに水を満たすために、Aの管は36分かかり、Bの管は24分かかる。
（1）A・Bの管から1分間に貯まる水の量の比は？ 最も簡単な整数比で答えよ。
（2）水そうに水を満たすために、A・B両方の管を使うと何分かかる？

（1）　　　　　A：B　　　　　（2）水そうの量を36と24
　時間　36：24＝3：2　　　　の最小公倍数72とする。
　水の量　2：3　　　　　　72÷（2＋3）＝14.4（分）

　　　　（1）A：B＝ 2：3　　（2）14.4 分

▷ デイリーサポート「確認編」1 ← 5年生のみ

5年生は、まず**デイリーサポート**に取り組みましょう。「確認編」のA～Dの問題のうち、Aが最も簡単で、Dに行くにつれ難しくなります。宿題は先生から問題を指定されることが多いですが、ざっくり分けると算数の偏差値45以下はBまで、偏差値45～55はCまで、偏差値55以上はDまで取り組みましょう。

そして、ここでも直しの仕方が重要です。ほとんどのお子さんは丸付けをし、間違えた問題の解説を読んでわかった気にな

って終わっています。その日
のうちに、間違えた問題を何
も見ずに解けるかどうかチェッ
クすることが理想です。そ
の日が難しいなら、別日に必
ずもう一度、まっさらの状態
で解き直しをしましょう。

間違えた問題の
解説を読んでから…

理解できたか
何も見ず解いてみる！

フム

　もう１つ意識してほしいのが、習った解き方を使うこと。**授
業で習ったやり方ではなく、自己流で解いてしまうと、後でつ
まずく可能性が高いです。**その問題は解けたとしても、後々出
てくる応用問題などに対応できなくなることがあるのです。

　ただ、ご家庭でサポートする際、塾でどのように習っているか
かはわかりませんよね。その場合は、解説を参考にサポートし
てあげてください。もし、家庭教師や個別指導塾を利用してい
る場合は、塾のやり方に合わせて指導してもらいましょう。

　また、授業で習った解き方と解説の解き方が異なる場合もあ
ります。まずは、ノートを見直して、先生に教わった解き方を
優先しましょう。ノートを見てもよくわからない場合は、担当
の先生に質問するか、解説の解き方で解けるように練習してく
ださい。

2日目

▷**デイリーサピックス（Aテキスト）**１◁**4年生のみ**

　デイリーサピックス（Aテキスト）は、前回の内容から重要
な問題が難易度別に出題。授業では表面の問題を解くはずなの

で、「復習しよう！」とある裏面を解いて確認しましょう（下図ご参照）。

　冒頭にある「計算力講座」は、４年生の間に身につけたい計算問題が掲載されているので、ぜひ取り組んでください。

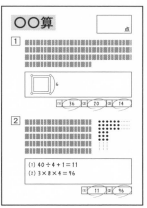
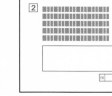

表面　　　　　　　　　　　　　裏面

▷デイリーサポート「確認編」②〈5年生のみ〉

　１日目に間違えた問題について、再度解き直しを行います。前日に直しをしっかりしていれば、解けるはずですが、そううまくはいかないものです。

　再度解けなかった問題はもう一度解説を読んで理解し、何も見ずに解き直しをしましょう。

▷デイリーサポート「復習と演習編」〈5年生のみ〉

　「復習と演習編」は、先週の内容の重要問題が難易度別に出題されています。最優先は今週の内容なので、どうしても取り組めない場合は、授業で扱った問題のうち、間違えた問題（ある

いはわからなかった問題）のみ取り組めば十分です。もちろん、解いた問題は丸付けをして、間違えたら解説を読み、何も見ずに解く。これは、面倒がらずにやりましょう。

　ただし、授業で扱ったけど、わからない問題や間違えた問題があまりにも多いとなると、先週の内容理解が不十分だったということです。そうなると、「**A テキスト**で復習しなくてはいけない問題が増える→**B テキスト**に割ける時間が減る→その週の内容の理解度が下がる」という悪循環になってしまいます。

　このような自転車操業状態になった場合は、「復習と演習編」については一度あきらめて、**B テキスト**の復習を優先させるのもアリです。その後、飛ばした回はマンスリーテスト対策で重点的に見直しましょう。

　ちなみに、「復習と演習編」の最後には「入試問題に挑戦」「思考力の養成」という問題があります。無理に取り組む必要はありませんが、算数大好きっ子にとっては楽しめる問題だと思うので、ぜひ取り組んでみてください。

3日目

▶ デイリーサピックス（B テキスト）2 ← 4年生のみ

　1日目に間違えた**B テキスト**の問題について、解きましょう。裏面に印刷されている同じ問題を使って取り組みます。

　1日目で直しまでしっかりできていれば解けるはずですが、実際はなかなかうまくいきません。ミスした問題は解説を読み、理解できたら何も見ずに解きましょう。

　ただ、単なる計算ミスや、問題の読み違いなどの場合は、解

き直さなくても大丈夫です。例えば、売買損益の問題では「仕入れ値→定価→売価」で整理するのが定石です。そのような根本的な解き方を忘れていたり、問題を読んでも最初に何をするべきかまったくわからなかったりする問題については、授業ノートや解説を参考にしてしっかり直しを行いましょう。

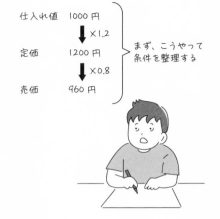

仕入れ値　1000 円
↓ ×1.2
定価　1200 円
↓ ×0.8
売価　960 円

まず、こうやって条件を整理する

　そして、テキスト後半には授業で習った内容を復習するための「練習しよう！」というページがあります。前半にある問題の数値替えになっているので、間違えてしまった問題の類題を解いておくと、復習としては十分です。

▷ デイリーサピックス 1 ◁ 5年生のみ

　5年生の**デイリーサピックス**には、**デイリーサポート**「確認編」に出てくる問題の類題が掲載されています。

　☆の数で難易度が分かれており、偏差値55までのお子さんは、☆☆まで完璧にすれば十分です。それ以上のお子さんや偏差値60以上を目指すお子さんは、☆☆☆までがんばりましょう。または、**デイリーサポート**「確認編」で取り組んだ問題の類題でも構いません。

　いずれにしても、まず基礎をしっかり固めることが何よりも重要です。そして、間違えた問題はできたらその日中に何も見ずに解ける状態にしましょう。

▶ デイリーサピックス（Ａテキスト）「計算力コンテスト」 4年生
デイリーサポート「計算力コンテスト」 5年生

これは、計算力向上のために有効な教材です。様々な計算問題を時間を意識しながら解くことで、正確性とスピードを養えます。存在感が薄い教材なので、さぼりがちな生徒も多いですが、毎週欠かさず取り組んでください。

前回記録を更新するぞ！

取り組み方としては、４年生は、全部で50問あるので塾のない日に10問ずつ取り組むか、一気に全問やってしまうかのどちらか。５年生は、塾のない日に大問１つずつ取り組むか、あるいはすべてまとめて解くかのどちらか。どの学年も算数が苦手な子は前者、得意な子は後者を勧めます。時間を計って前回の記録を更新しようとすると、楽しく取り組めます。親子で競争するのもいいですね。

▶ デイリーサピックス（Ａテキスト）② 4年生のみ

２日目で間違えた**デイリーサピックス（Ａテキスト）**の問題について、解きましょう。

先週習ったばかりの単元なので、１日目にしっかり直しをしていたら、解き方がわからないという状況にはならないはずです。もし、この段階でわからない問題があるなら、それまでの取り組み方に問題がある可能性があります。

　1人で解説を読んで理解できないとしたら、そこは親御さんが手伝わなければならないところかもしれません。

▶デイリーサピックス②〈5年生のみ〉

　3日目にミスした**デイリーサピックス**の問題について、解きましょう。この時点で、**デイリーサポート**「確認編」2回分、**デイリーサピックス**2回分を取り組んだことになります。その週の範囲はほぼ完璧にできるようになっているはずです。

　成績上位層へのアドバイスになりますが、☆☆☆以上の応用問題については、「初見でどうしたら解けるか」を意識しながら解きましょう。応用問題は解き方を覚えてもあまり意味がなく、「その解き方に至る過程」を考えることが応用力を高めることにつながります。

　例えば「速さ」の問題で、ダイヤグラムの指定された部分の数値を求める時、まずはグラフが折れ曲がるタイミングを理解して、わかりそうな部分を泥臭く計算し、その中でようやく答えにつながるような解法が思いつきます。ただ、解説にはその悩んだ形跡があるはずもなく、いきなりベストの解き方が書かれているだけです。

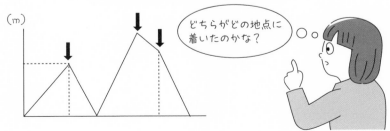

2人の距離を表したダイヤグラム

（m）

どちらがどの地点に着いたのかな？

そのため、何も考えずに解説を参考に直しをすると、そのベストの解き方を再現するだけの直しになりがちです。しかし、それでは別の切り口の問題には対応できない、ということになりかねません。**難問を初見で解くためには、特定の問題の解き方を覚えるのではなく、その解き方に至る過程を理解することが重要なのです。**

毎日

▷ 基礎力トレーニング

　基礎トレは、算数の計算問題と基本問題を1日10問ずつ出題されている教材です。これを毎日取り組めるかどうかは、かなり重要です。筋トレのようなもので、1日休むぐらいは大したことではありませんが、それが積み重なっていくと、後で大きな差を生むことになります。日々の学習は、まず**基礎トレ**から始めるようにしましょう。

　また、**基礎トレ**はマンスリーテスト（算数）の範囲にもなっています。大問1で出題されると決まっているので、点数を稼ぐためにはマスターすることが最重要です。偏差値にかかわらず、毎日こなせるように習慣化していきましょう。

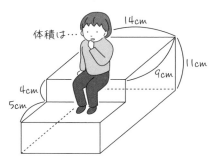

小学校4・5年生の理科

1 ポイント

　理科の復習は、**デイリーサピックス**「テーマ」の単元解説を読むことがスタートです。ただし、文章を読んでその週の単元を学習していくので、お子さんだけではハードルが高いです。

　読解力に不安がある場合や、理科が苦手な場合は、ぜひ親御さんも一緒に「テーマ」を読みましょう。お子さんが理解できていないポイントを、噛み砕いて説明してあげてください。文章や図だけではよくわからなければ、YouTubeやネット検索、図鑑や資料集などを使う工夫も必要です。

　理科は、得意な単元と苦手な単元（特に、計算が多い物理・化学の単元）に分かれやすい科目です。 ただ、これは実にもったいない話です。なぜなら、理科の計算問題は基本的に同じパターンしか出ないので、一度解き方を習得すれば簡単だからです。拒否反応を示すお子さんも多いですが、保護者の方も一緒に取り組んであげたら、きっと克服できるはずです。

　そして、これはどの科目も同じですが、理科を得意にしたければ、興味を持つことが重要です。休日のレジャーとして自然体験をしたり、博物館に出かけたりすることをお勧めします。

② 主な教材

デイリーサピックス	授業でも宿題でも利用するメインのテキスト。「図鑑」「テーマ」「演習用の問題」「デイリーチェック」などで構成されている。
ジュニア理科資料	授業中に使用する資料集（5年生から）。
コアプラス	重要知識を一問一答形式にまとめた、受験の最後まで使う相棒のような教材（5年生から）。

③ 授業

　理科の授業は週1コマで、4年生は60分、5年生は90分行われます。授業中にテキストをどの程度使うのかは先生によりますが、基本的には黒板の板書を写しながら講義を聞き、理解していきます。

　理科はテキストの内容を理解すること以外に、**日常の現象とひもづけながらイメージすることが重要**です。例えば、個体を液体に早く溶かすためにはどうすればよいかを考える時、温かい紅茶に角砂糖とスティックシュガーのどちらが早く溶けるかイメージできれば簡単にわかるはずです。スティックシュガーは、角砂糖

個体を液体に
早く溶かすためには
どうすればよいか？

角砂糖 と スティック
シュガー なら…

スティックシュガーは
角砂糖より粒が
小さいので、
表面積が増えることで
早く溶ける！

に比べて粒が小さいので、表面積が増えることで、より早く溶けるわけですね。

このような日常とひもづけるためのヒントが、授業中の先生の雑談の中にたくさんあります。ぜひ、雑談内容をメモしながら授業に耳を傾けられると良いですね。

また、計算問題の単元は、授業中にその場で演習をすることもあります。そういった時は、必ず積極的に解いてください。**理科の計算問題は、解き方の手順を完璧に理解する**ことが重要です。例えば、「てこ」の単元なら「支点を決める→各力点の回転方向を考える→つり合いの式を解く」という手順を押さえます。授業中にマスターできるように、指示された問題は積極的に解き、習得できるようにしましょう。

4 学習の進め方

1日目

▷デイリーチェック

まずは、復習テストである**デイリーチェック**の直しから入ります。間違えた問題は先週のテキストに戻って復習しましょう。

ただ、間違いがあまりに多い場合は別です。**デイリーチェック**は先週の単元の中で主要な問題が出題されるので、ちゃんと解けないということは、先週の勉強が不十分で基本的なことを理解できていないということ。その場合は先週のテキストの復習ではなく、いったん今週の内容を完璧にすることに専念してください。先週の復習は、マンスリーテスト対策の時に重点的

にやりましょう。

▷ デイリーサピックス「季節の図鑑」 4年生 「理科の図鑑」 5年生

　季節ごとの植物や生き物などについて、写真つきで学習します。これはマンスリーテストの範囲ですが、意外と忘れやすいので注意しましょう。

　SAPIXのテキストは基本的にモノクロですが、「図鑑」はカラー画像がふんだんに使われています。しかし、具体的にどのように学習したらよいかがわかりづらいです。**デイリーサピックス**の表紙裏にあるので、コピーをトイレや勉強机の前など目につくところに貼っておき、1週間かけて少しずつ覚えていくのがオススメです。

▷ デイリーサピックス「テーマ」

　その週の内容が文章ベースでまとめられているので、まずはじっくり読みましょう。ただ、文章から学ぶというのは、かなり高度な学習です。

　特に理科が苦手なお子さんの場合は、親御さんが一緒に読み

ながら、図や表なども含めて確認してあげてください。お子さんまかせにすると、なかなか理解しきれないことが多いです。大変ですが、保護者のみなさんも一緒に学ぶつもりで取り組みましょう。

　ちなみに、４年生の「テーマ」は、「いっしょに考えよう！」と「確認しよう！」というページに分かれています。「いっしょに考えよう！」は授業中に取り組むので、家庭学習では「確認しよう！」に取り組んでください。

▷デイリーサピックス「ポイントチェック」

　その週の基本的な内容について、記述形式で回答していく問題です。ただ、「ポイントチェック」は穴埋め部分が多過ぎて、正直何を答えたらよいのかわかりづらい構成になっています。

　そこで、次の２つのいずれかの方法で取り組んでください。

　１つは、オレンジ色で答えが書かれたページを赤シートで隠しながら、親御さんと口頭で確認する方法。

　もう１つは、答えをそのまま写してしまう方法。これは最終手段ですが、意外と効果的です。もちろん、問題文などは読んだ上で、意味を理解しながら写すことを忘れずに。

　また、わからない問題や理解の浅いところがあれば、「テーマ」で確認することも重要です。

2日目

▷デイリーサピックス「確認問題」１

　宿題のメインになる部分です。大問１〜４はその週で最低限

暗記し、解けなくてはいけない基本問題です。例えば「天気」の単元なら、日本の周りの４つの気団の名前、雲の種類、天気図から春夏秋冬を判断するなどのレベル感になります。大問５〜８（４年生は大問６まで）は標準的な演習問題になります。

「天気」で最低限覚えたいこと
・日本の周りの４つの気団名
・雲の種類
・天気図による季節の判断

　まずは大問１〜４を完璧にしましょう。**理科が苦手なら全部解かなくてもいいので、最低限１〜４を確実に取り組んでください。**

　解いた後に丸付けを行い、わからなかったり、間違えたりした問題の解説を読みましょう。解説がない問題は「テーマ」に戻って確認します。

　それでもわからない場合は、塾の先生に質問してください。もし質問できなくても、たいていの典型問題はネットに解き方が載っているので、保護者の方が調べて一緒に取り組んであげるといいでしょう。

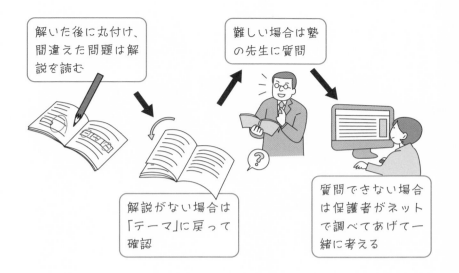

▷ デイリーサピックス「発展問題」

　入試などをもとにした発展的な演習問題で、偏差値55〜60以上の人向けの内容だと思います。「確認問題」で物足りない場合や、さらに上を目指す場合は積極的に取り組んでください。

3 日目

▷ デイリーサピックス「確認問題」 2

　解くのは2回目なので、間違えた問題のみと言いたいところですが、大問1〜4はすべて解き直すことをオススメします。大問5以降は、余裕があれば取り組んでください。

　お子さんが解き直しを嫌がる場合は、口頭で解答を確認してもいいでしょう。面倒かもしれませんが、そうしないと取り組めない場合はやってあげてください。

（毎日のラベル）毎日

▷ デイリーサピックス「デイリーステップ」

「デイリーステップ」は１週間の課題の中に６ページあります。その回のテキストの内容と、以前学習した単元の基本を学ぶ問題です。理科の授業日以外の６日間において、１日に１ページ行うようにしましょう。

▷ コアプラス　5年生のみ

コアプラスは、毎週指定された範囲が宿題として出され、その確認テストが行われます。毎回、満点を取れるようにしっかり取り組みたいところです。

ただ、１週間に一周ではなかなか身につかないので、二周できるように１日あたりのページ数を設定しましょう。例えば、範囲が20ページだとしたら、１日５ページ取り組んで４日間で一周し、残り３日間は１日７ページで二周できます。

ちなみに、**コアプラス**は社会にもあるので、理科だけにあまり時間をかけられません。素早く取り組むために、口頭での確認がオススメです。

夏の大三角は？

はくちょう座のデネブ、
こと座のベガ、
わし座のアルタイル！

SAPIX

小学校4・5年生の社会

1 ポイント

　社会も、理科と同様に、**デイリーサピックス**の冒頭に「テーマ」という説明のページがあります。まずは、この内容をいかに隅々まで理解して、覚えられるかが非常に重要です。

　また、日常のあらゆるシーンから学びましょう。特に、スーパーマーケットは学びの宝庫です。例えば、野菜売り場には群馬県産のキャベツが売られ、魚売り場には高知県産のカツオが売られています。それらを目にすると、「キャベツの生産地として群馬県が上位である」「高知でカツオの一本釣りが有名である」という日頃学んでいる知識とつながります。そういった瞬間が感動を生み、忘れない知識として定着するのです。

　ぜひ、**テキストで学んだことを日常の体験、会話などとひもづける取り組み**をご家庭でしてください。

2 主な教材

デイリーサピックス	授業と宿題で使用するメインのテキスト。「テーマ」「確認問題」「デイリーステップ」という構成。
デイリーチェック	毎週の授業で行われる、先週の内容の復習テスト。

アトラス（地図帳）	地理分野の学習に使う地図帳。
ジュニア歴史資料	歴史分野に関する資料集。
コアプラス	重要知識を一問一答形式にまとめた、受験の最後まで使う相棒のような教材（5年生から）。

3 授業

　社会の授業は週1コマで、4年生は60分、5年生は90分行われます。その週に配られる**デイリーサピックス**に沿って学習が進められます。テキストの説明を読み上げることはせず、先生による講義型授業になります。

　黒板にその週の要点が板書されるので、まずはそれをしっかり写しましょう。板書を写すことで、頭にも入ります。

　授業では、その週の内容に関係する雑談が多くあります。「地理」であれば先生が各地域に旅行に行った話や、「歴史」であれば偉人にまつわる逸話などをたくさんしてくれます。そういった雑談内容も学習に役立つので、しっかりメモしながら授業を受けましょう。

また、授業の冒頭で、前週の内容に関する復習テスト（**デイリーチェック**）が行われるので、満点を目指して家庭学習をがんばってください。

4 学習の進め方

1日目

▶ デイリーチェック（5年生はコアプラステストも実施）

授業冒頭で実施される**デイリーチェック**と**コアプラス**（5年生のみ）のテスト直しをしましょう。

よく出る用語は、漢字を含めて暗記してほしいので、間違えたら3回ほど書いて直しをしましょう。地理なら「新潟県」「筑紫平野」「促成栽培」、歴史なら「墾田永年私財法」「卑弥呼」「遣隋使」などが、ミスしやすい漢字の典型例ですね。

5年生のみ実施される**コアプラス**のテストは、基礎的な用語をまとめて確認するためなので、毎週満点を目指しましょう。

▶ デイリーサピックス「テーマ」

社会の学習において、「テーマ」が最も重要です。この内容を隅から隅まで覚えることができれば、自ずとマンスリーテストでも高得点が狙えます。

音読でも黙読でも構いませんが、まずはじっくり読みましょう。ほとんどのお子さんは音読だと思いますが、しっかり頭に入る方法を選んでください。

太字の重要語句は暗記マーカーで塗り、赤シートで隠しながら覚えるのがオススメ。具体的には次の通りです。

①のマーキング作業は、お子さんが難しければ、親御さんがしてあげてください。②は全体を読み進めた上で、マーカー部分を答えましょう。断片的な知識を覚えるだけでは、理解したことにはなりません。

もし、暗記マーカーで覚えると時間がかかり過ぎる場合は、「テーマ」読みだけでも構いません。とにかく隅々まで丁寧に読むことを意識してください。イメージしづらいところは、資料集やネットを参照して理解を深めることが重要です。

❶太字や重要な部分をマーキング

1167年、平清盛が太政大臣になる。

└── 全部マーキングすると答えづらくなるので注意！

❷赤シートで隠してマーカー部分を答える

✓ 1167年、平清盛が太政大臣になる。

└ 間違えたら鉛筆でチェックをつける！

❸間違えた部分を再度赤シートで隠して答えていく

✓ 1167年、平清盛が太政大臣になる。

└ 正解できたら、消しゴムで消す

❷❸を繰り返して、すべて覚えられたら終了

▷デイリーサピックス「デイリーステップ」1

「デイリーステップ」は、**デイリーサピックス**の中の最低限の基本的語句に関して学べる問題です。

4年生の前期であれば、県や県庁所在地、山地、山脈、平野、盆地などの具体的な地名。5年生の後期に歴史に入ったら、各時代の重要な戦いや、人物などについて出題されます。

　この問題だけは、毎週必ず"漢字も含めて"完璧にしてください。まずは解いてみて、間違えた語句は漢字も含めてしっかり直し、練習しましょう。

2日目

▶デイリーサピックス「デイリーステップ」②

　「デイリーステップ」は最低限の知識なので、2回目もさっとチェックしておきましょう。漢字表記に不安がない場合は、口頭で確認するだけでも構いません。

▶デイリーサピックス「授業の確認問題」①

　「授業の確認問題」は基礎編・発展編・実戦編があります（4年生はレベル1〜3という表記）。まず、基礎編は社会の得意・不得意に関わらず取り組みましょう。その上で余裕があれば、発展編や実戦編に取り組んでください。

　特に発展編や実戦編で重要なのは、選択肢問題の直しの仕方です。「正しい記号を1つ選びなさい」という4択問題があった場合、3つは間違っていることになります。その場合、どの部分がおかしいのかを考えてください。

　例えば、「北海道に関して正しい選択肢を1つ選びなさい」という問題があったとしましょう。間違いの選択肢として、「北海道の大規模な酪農地帯は石狩平野です」があるとします。こ

の選択肢のどこがどう間違いなのかを意識してほしいのです。北海道の大規模な酪農地帯は十勝平野や根釧台地で、石狩平野は稲作が有名です。こういった部分まで復習すると、1つの問題から多くのことを学ぶことができ、効率的な学習になるはずです。

　ちなみに、解説に詳しく書かれていることもあるので、そこは見逃さないようにしましょう。

3日目

▷デイリーサピックス「デイリーステップ」③

　しつこいようですが、確実にできるようにしたいので、3回目も取り組めると安心です。時間を計って、テスト形式で取り組むのがいいと思います。5～10分ぐらいで終えられるはずです。

▷デイリーサピックス「授業の確認問題」②

　1回目で間違えた問題について、解き直しを行いましょう。前回の直しが雑だと、同じミスをすることもあります。

逆に、直しをしっかりしていれば、スムーズに進むはずです。そうすれば、そこまで時間をかけずに取り組めるでしょう。

毎日

▶ コアプラス 5年生のみ

基本的には、理科と同様になります。ただ、社会は漢字も含めて覚えなくてはいけないので、基本的には筆記での確認が望ましいです。どうしても時間がない場合は口頭で確認しつつ、漢字があやふやなものだけ書くという形でもいいです。ぜひ、二周できるように1日の枚数設定を行いましょう。

また、**コアプラス**は一問一答形式の問題集のため、断片的な知識になりやすく要注意です。例えば、「長州藩の萩に開かれ、吉田松陰が発展させた私塾は何ですか」という問題の答え（A. 松下村塾）を覚えるだけではもったいないのです。「長州藩の萩」「吉田松陰」なども含めて覚えると、1問から多くの知識を吸収できます。余裕がある場合は、問題文にある言葉についても暗記マーカーで覚えると非常に良い学習になります。

SAPIX ４年生 １週間のスケジュールサンプル

時刻	6月10日 月曜日	6月11日 火曜日	6月12日 水曜日	6月13日 木曜日	6月14日 金曜日	6月15日 土曜日	6月16日 日曜日
07:00	算基礎トレ	算基礎トレ	算基礎トレ	算基礎トレ	算基礎トレ	算基礎トレ	算基礎トレ
07:30	国言葉ナビ	国言葉ナビ	国言葉ナビ	国言葉ナビ	国言葉ナビ	国言葉ナビ	国言葉ナビ
08:00	理デイリーサピックス「デイリーステップ」		理デイリーサピックス「デイリーステップ」	理デイリーサピックス「デイリーステップ」	理デイリーサピックス「デイリーステップ」	理デイリーサピックス「デイリーステップ」	理デイリーサピックス「デイリーステップ」
08:30							
09:00						算デイリーサピックス（Aテキスト）[1]	
09:30							
10:00							算デイリーサピックス（Bテキスト）[2]
10:30			学校				算デイリーサピックス「デイリーステップ」[3]
11:00							算デイリーサピックス「授業の確認問題」[2]
11:30	学校	学校		学校	学校		
12:00							
12:30							
13:00						理デイリーサピックス「確認問題」[1]	
13:30							
14:00							
14:30							
15:00							理デイリーサピックス「確認問題」[2]
15:30							
16:00			算デイリーサピックス（Bテキスト）[1]				
16:30	算デイリーサピックス（Aテキスト）「計算力コンテスト」				国Aテキスト「知の冒険」[1]「コトノハ」[1]「読解演習」[1]「漢字の学習」[1]	国Bテキスト	
17:00	算デイリーサピックス（Aテキスト）[2]					国Aテキスト「漢字」	
17:30		算数・理科	理デイリーサピックス「季節の図鑑」				
18:00			理デイリーサピックス「テーマ」	国語・社会		社デイリーサピックス「デイリーステップ」[2]	
18:30	国Aテキスト「知の冒険」[2]「コトノハ」[2]「漢字の学習」[2]		理デイリーサピックス「ポイントチェック」		社デイリーサピックス「テーマ」	社デイリーサピックス「授業の確認問題」[1]	
19:00							
19:30					社デイリーサピックス「デイリーステップ」[1]		
20:00							
20:30	社デイリーサピックス「デイリーステップ」[3]	算理デイリーチェック直し		国社デイリーチェック直し			
21:00	社デイリーサピックス「授業の確認問題」[2]						
完了チェック							

■は塾の時間です　■は先週分の宿題です

SAPIX 5年生
1週間のスケジュールサンプル

時刻	6月10日 月曜日	6月11日 火曜日	6月12日 水曜日	6月13日 木曜日	6月14日 金曜日	6月15日 土曜日	6月16日 日曜日
07:00	算基礎トレ	算基礎トレ	算基礎トレ	算基礎トレ	算基礎トレ	算基礎トレ	算基礎トレ
07:30	国言葉ナビ	国言葉ナビ	国言葉ナビ	国言葉ナビ	国言葉ナビ	国言葉ナビ	国言葉ナビ
08:00	理デイリーサピックス「デイリーステップ」	理デイリーサピックス「デイリーステップ」	理デイリーサピックス「デイリーステップ」	理デイリーサピックス「デイリーステップ」		理デイリーサピックス「デイリーステップ」	理デイリーサピックス「デイリーステップ」
08:30							
09:00			学校				
09:30						理デイリーサピックス「理科の図鑑」	算デイリーサポート「計算力コンテスト」
10:00						理デイリーサピックス「テーマ」	算デイリーサピックス「テーマ」
10:30						理デイリーサピックス「ポイントチェック」	算デイリーサピックス「デイリーステップ」[2]
11:00						理デイリーサピックス「確認問題」[1]	社デイリーサピックス「授業の確認問題」[1]
11:30	学校	学校		学校	学校		
12:00						社デイリーサピックス「デイリーステップ」[1]	
12:30							
13:00							
13:30							
14:00						算デイリーサポート「確認編」[2]	国Bテキスト
14:30							
15:00						算デイリーサピックス[1]	国Aテキスト「漢字」
15:30							
16:00						算デイリーサポート「復習と演習編」[1]	算デイリーサピックス[2]
16:30		算デイリーサポート「確認編」[1]		国Aテキスト「コトノハ」[1]「読解演習」[1]「漢字の学習」[1]「知の冒険」[1]			
17:00							
17:30	算数		国語		理科・社会		
18:00		国Aテキスト「知の冒険」[2]「コトノハ」[2]「漢字の学習」[2]					
18:30							
19:00				理デイリーサピックス「確認問題」[2]			
19:30				社デイリーサピックス「デイリーステップ」[3]			
20:00				社デイリーサピックス「授業の確認問題」[2]			
20:30	算デイリーチェック直し		国デイリーチェック直し		国社デイリーチェック直し		
21:00					理社コアプラステスト直し		
21:30	理社コアプラス	理社コアプラス	理社コアプラス	理社コアプラス	理社コアプラス	理社コアプラス	理社コアプラス
完了チェック							

■は塾の時間です　　■は先週分の宿題です

小学校6年生の国語

恩貴劇
呼革己

1 ポイント

　6年生になると、入試に向けて正しい読み方・解き方を身につける必要があります。**国語は、フィーリングで解くお子さんが非常に多いので、論理的に解けるようになると国語の点数は安定します。**

　授業でも、問題を解くテクニックについての言及が増えるはずです。例えば、「選択肢問題は、まず答えをイメージしてから、それに沿うような選択肢を選びましょう」「『どういうことですか?』と問われたら言い換え問題だから、傍線部を分割して要素ごとに言い換えましょう」などのテクニックです。これらを復習の際におさらいし、自力で解く時に生かすことができれば、国語力は確実に上がるはずです。

　SAPIXの**Bテキスト**は文章が非常に長く、記述問題中心なので、国語が苦手なお子さんは**Aテキスト**「解法メソッド」「読解演習」で読解の論理的な解き方をマスターしましょう。

　そして、読解を支える基本的な言葉の知識についても、しっかり学習していきたいところです。入試は1点を争います。「この漢字や語彙がわかっていれば合格できたのに…」という事態はごまんとあるのです。

そういったことを回避するためにも、主に語彙学習用の**言葉ナビ**、漢字学習用の**漢字の要**を日頃のルーティンに取り入れていきましょう。

2 主な教材

Aテキスト	言葉の知識と基本的な読解問題を掲載。「解法メソッド」「読解演習」などで構成。
Bテキスト	長めの文章読解を扱う。
言葉ナビ	言葉に関する知識がまとめられたサブテキスト。
漢字の要	漢字学習のための問題集（副教材）。
デイリーチェック	毎週の授業で行われる、先週の内容の復習テスト。Aテキスト（「漢字の学習」「知の冒険」）と言葉ナビの内容から出題される。
ウィークリーサピックス	土曜志望校別特訓で利用するテキスト。

3 授業

国語は週1日に80分の授業が2コマ（A授業とB授業）行われます。

A授業

基本的に4・5年生と同じく、5週に1回のペースで「知の冒険」をメインに扱う回があります。「知の冒険」では、文法、敬語、俳句などの国語における

知識系の問題を扱います。この内容の類題が、毎週の**デイリーチェック**で少しずつ出題されます。4・5年生で習ってきたことのまとめになるので、これまで国語の知識をおろそかにしていた人も挽回しましょう。

もう1つは、言葉と読解の学習をメインに扱う回です。言葉に関しては「コトノハ実践編」、読解に関しては「解法メソッド」を授業で扱います。「解法メソッド」では、問題を解くための解法を学びます。例えば、抜き出し問題では「まずは抜き出す言葉の内容を考える」などです。

国語が苦手なお子さんはとにかく集中してください。国語の偏差値40ぐらいのお子さんからしたら、B授業は正直難しいと思います。A授業で習う「解法メソッド」の内容をしっかり頭に入れて、問題の解き方を確立していきましょう。

B授業

B授業は、**Bテキスト**で長文読解を扱います。ほとんどが記述問題で、その場で先生に添削してもらいながら進めます。そのため、まず授業中に指示された問題をしっかり取り組みましょう。先生からフィードバックをもらい、やりとりを積極的に行うことで、授業内容が頭に入りやすくなります。

ここの記述問題は〜

また、**Bテキスト**後半の「読解力チェック」は、記号選択や抜き出し問題も掲載されています。志望校が選択問題中心の場合や、不安がある場合は、しっかり取り組みましょう。

土曜志望校別特訓（土特）

　土特は毎週土曜日の75分授業で、過去問などを中心に読解の演習授業が行われます。テキストの**デイリーサピックス**には読解問題が3問掲載されていますが、どの問題に取り組むのかはクラスによります。入試で戦う力を養うために、設定時間の中で問題を解き、その後に解説授業を受けます。選択肢問題、接続詞問題、記述式問題、抜き

試験が始まったら、全体をざっと見渡し、20〜30秒で時間配分をします

出し問題、文の入れ替え問題、文の挿入問題など様々なパターンに対するテクニックを教えてくれるはずです。

　さらに、時間配分などテストで最大限点数を取るためのアドバイスもあります。そういった部分にもしっかり耳を傾けましょう。

　また、土特で使う**ウィークリーサピックス**の最後には、「ウィークリー・ステップ〜知識の総完成〜」という問題があり、品詞、文節、対義語、類義語など国語の基本的知識を学習します。

4 学習の進め方

1日目

▷デイリーチェック

　授業で行った**デイリーチェック**の直しを行います。間違えた漢字は３回ほど繰り返し書きましょう。わからなかった知識問題は、該当_{がいとう}の回の「知の冒険」で確認するなどして、疑問点を翌週に繰り越さないようにしてください。

▷Bテキスト

　B授業で解いた問題の解き直しをします。その際、先生が解説した解き方を思い出してください。

　Bテキストの問題は基本的に記述問題なので、授業内容を踏まえて記述解答を作り直します。志望校が記述問題を出題する場合は、特に丁寧に行ってください。

　ただ、国語が苦手な生徒さんにとっては、そこまで優先順位は高くないと思います。それよりも、まず「正しく読む」を優先しましょう。そのためには、やはり**Aテキスト**を中心によく復習しておいてください。

2日目

▷Aテキスト
「解法メソッド」「コトノハ実践編」「知の冒険」「読解演習」

　Aテキストは、読解や知識の基本を学ぶために非常に重要で

す。「解法メソッド」「コトノハ実践編」は授業内容を思い出しながら、間違えた問題について直しをしましょう。

「知の冒険」は、巻末にある次週の**デイリーチェック**範囲の問題に取り組みます。

「読解演習」は、「解法メソッド」で学んだことを生かしながら取り組みます。特に国語が苦手なお子さんは、このくらいの難易度の問題で基礎を学ぶといいでしょう。

3日目

▷土特

ウィークリーサピックスの復習を行います。すべて取り組むのは大変なので、まずは授業で扱った問題の復習からしましょう。

入試に近い問題形式の上に、SAPIXでは5年生まであまり対策できなかった記述以外の問題（選択肢問題など）について学ぶことができます。そのため、必ず解き直してください。もちろん、授業内容を思い出したり、解説を読んだりして、解き方のプロセスを意識して行いましょう。

もし、時間に余裕がある場合や、より国語力をアップしたい場合は、授業で取り組まなかった問題も解いてください。

毎日

▷言葉ナビ

国語の語句を学ぶ副教材です。毎週の**デイリーチェック**で出

題される範囲について、二周できるように取り組んでください。

　6年生になると他の学習が増えて、語彙学習は優先度が下がりがちです。ただ、読解の基礎を支えるのは語彙力なので、サボらず取り組んでください。

　あまり時間はかけられないので、付属の赤シートを使いながら口頭で確認し、漢字が不安な用語だけ練習してもいいでしょう。

▷ 漢字の要

　言葉ナビと同様です。毎日ペースを守りながら進め、該当範囲を二周しましょう。こちらもサボらず取り組んでください。

　漢字問題はほとんどの学校で出題されますが、配点が意外とあります。直前期に慌てて漢字対策しようとしても、その頃にはやるべきことが多過ぎて、間に合いません。早くから習慣化して、コツコツと積み重ねていきましょう。

SAPIX

小学校6年生の算数

1 ポイント

　SAPIX 生に限ったことではありませんが、どんなに算数が得意な子でも、いかに基本を完璧にできるかが重要です。難関校を目指す生徒さんは、基本ができている前提で応用問題にもひるまずチャレンジしていくのが望ましいです。

　基本をしっかり定着させるには、言うまでもなく**基礎トレ**が大切です。6年生になると毎日取り組む教材が増えますが、この**基礎トレ**だけは欠かさずに取り組んでください。その上で、**デイリーサポート**の内容を各々の学力にあった範囲で身につけていきましょう。

　算数の基礎力は、夏休み終わりまでにある程度固めることが大切です。前期の間に、理科や社会を一生懸命対策しようとする方がいますが、それよりも重要なのは算数です。理由は、理科・社会は後期になってからの対策で間に合うからです。理科・社会はがんばっても忘れてしまうことが多く、結局は受験直前期にある程度詰め込むことになるので、前期のうちは算数に力を入れましょう。とはいえ、やることはシンプルです。**毎週の内容を完璧にこなし、苦手な単元はその都度つぶすことです。**

　また、多くの受験生の悩みであるケアレスミスに関しては、な

ぜ間違えるかをしっかり分析することが重要です。問題の読み違い、答えの書き間違い、自分で書いた字の読み間違い、計算ミスなどケアレスミスの種類は様々です。毎回分析することで、ミスしやすい傾向がわかってくるはずです。「自分はこういうミスをしやすい」と自覚することで、徐々に減らすことができます。

2 主な教材

デイリーサポート	授業・宿題のメインで使う教材(B4)。「導入と基本編」「アプローチ編」「実戦編」という構成。今までの復習をしつつ、新出の問題に取り組む。
デイリーサピックス	デイリーサポートの問題の類題が掲載されている家庭学習の教材(B5冊子)。
基礎力定着テスト	通常授業前に行うテスト。2週間前の内容が出題。
デイリーチェック	毎週の授業で行われる、先週の内容の復習テスト。
基礎力トレーニング	毎日取り組む、計算と基礎問題をあわせた問題集。
ウィークリーサポート	土曜志望校別特訓で利用するテキスト。
ベーシック	授業では使わないが、基本の基本が単元ごとに学習できる問題集。苦手単元の対策にオススメ。

3 授業

平常授業

　算数は週1日に80分の授業が2コマ行われます。6年生になると、授業やテキストで前週の内容を復習する部分はなくなります。**デイリーサポート**「導入と基本編」でその回の単元の基本的な考えを学び、「アプローチ編」でその週の重要問題を扱います。「実戦編」はA～Eの問題に分かれ(Eに近づくほど難易度アッ

プ）、1問1ページの5ページ構成になっています。

自力で解かないと…

そういうことか！

授業は、解く時間と解説の時間が交互にあるスタイルで、基本は4・5年生と変わりません。授業内容を自分のものにするためには、指示された問題に自力で取り組むことが重要です。だからこそ解説を聞いた時に納得感が生まれ、授業参加の意識も強まります。もし、解説を聞いてもわからない問題がある場合は、授業終了後に先生に質問できると理想的です。

土特

毎週土曜日の75分授業で、基本的には演習中心の授業になります。授業中に解くように指示される問題については、とにかく実際に取り組むことが大切。

土特で配布される**ウィークリーサピックス**は、「R1」「R2」「X」「Z」という構成です。「R1」「R2」は、それぞれA～Cの問題がありますが、5年生のある回の「デイリーサポート」に数値も含めてまったく同じ問題が掲載されています。

また、「R1」「R2」では、それぞれ別の回の問題が掲載されています。例えば、「R1」のA～Cでは5年生の第1回のテキストと同じ問題が出題され、「R2」では5年生の第22回のテキストと同じ問題が掲載されているということです。あらためて5年生の

大事な単元の復習をしようということですね。

「Ｘ」は毎回のその週の単元に関する問題が出題され、「Ｚ」は入試問題中心になっています。

ウィークリーサピックスの中で、どの問題を扱うかは、校舎やクラスによって変わります。

「分野別補充プリント」はSAPIXのカリキュラム上、手薄になりがちな図形問題を補う役割があります。さらに、校舎やクラスごとに補助プリントが配られることがあります。「Ｎプリント」は最難関向けの教材で、灘中学の問題がベースになっています。「Ｓプリント」は10題の小問集合のプリントです。小問とはいえ、難しい問題もあります。

土特はあらゆる教材が配られ、何が何だかわからなくなる方も多いと思います。復習は、各クラスで担当の先生が指定してくれるので、その問題にしっかり取り組みましょう。

4 学習の進め方

1日目

▷デイリーチェック

まずは、**デイリーチェック**の直しを行います。計算ミスや勘

違いが原因で間違えた問題は、自力でできそうなら何も見ずに解き直します。解き方がわからない問題は、解説を読んでから解き直しましょう。

デイリーチェックは前週の復習なので、高得点を狙（ねら）いたいところです。ただし、前週に取り組まなかった問題が出題されることもあります。それが解けないのはある意味当然なので、単純に点数だけで出来・不出来を判断しないでください。**デイリーチェック**の直しは、前週に取り組んだ問題の中で間違えたところのみで大丈夫です。

▷デイリーサポート「実戦編」1

平常授業のメイン教材である**デイリーサポート**「実戦編」をどこまで復習するかは、お子さんの学力による部分が大きいです。範囲が指示されている場合は従ってください。

参考までに言っておくと、偏差値40程度ならB問題まで、偏差値45〜50ならC問題まで、偏差値50〜55ならD問題まで、偏差値60以上ならE問題までが目安です。ただ、**実際に取り組み、解説を読んでも理解できなければ、今の学力に見合っていない問題なので飛ばしても構いません。**

デイリーサポート
「実戦編」の復習目安

復習範囲	偏差値
B問題まで	40程度
C問題まで	45〜50
D問題まで	55程度
E問題まで	60以上

丸付けについては、解き直しまでがセットです。解説を読んで理解できたら、"何も見ずに"解くことが重要です。1回1

回完璧にしながら進めるクセをつけましょう。

　また、毎週取り組む中で、苦手な単元もあると思います。スムーズに解けないと、勉強がイヤになるケースもあります。そういった時は基本に立ち返り、基礎から復習することを心がけましょう。そのためには、**ベーシック**という補助教材がオススメ。基礎の基礎に立ち返り、どこまで理解できていて、どこから理解できていないのかを明らかにすることで、課題が明確になり、苦手を克服しやすくなります。

2日目

▷ デイリーサポート「実戦編」②

　1日目で間違えた問題について、再度解き直しを行います。前日にしっかり直しができていれば、スムーズに進むはずです（そううまくいかないものですが…）。

　もし、他の科目で余裕がない場合は、**デイリーサピックス**の学習に進みましょう。これは、**デイリーサポート**の問題がほぼ数値変更された類題になっているので、より学習効果が高いはずです。

▷ デイリーサピックス ①

　家庭での復習用の冊子で、難易度分けされた問題が掲載されています。**デイリーサポート**の類題なので、取り組んだことのあるものを選びましょう。

　偏差値60以上のお子さんの場合、すべて解けるようになってほしいです。**デイリーサピックス**全体を、テストのように時

間を設定して解くのもオススメです。

　中には悩ましい問題もあるでしょう。そんな時、西村則康先生が提唱されている「スロー学習」を意識してみてください。「スロー学習」とは、難しい応用問題に出くわした時に、自分の中に浮かぶ様々な解法を試行錯誤し、時間をかけてでも食い下がって考える学習方法です。**発展的な問題は、個別具体的な問題の解き方を身につけるための反復学習では太刀打ちできません。頭に汗をかいて、悩むプロセスが重要なのです。**

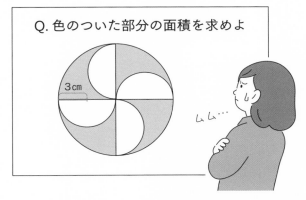

　とはいえ、がんばっても解けない問題はあるので、その場合は「プロセスを意識した直し」をしてください。例えば、次ページの図のような一見すると難しい数列の問題の直しをする時、解説を読めば一応納得はできると思います。しかし、この問題の直しを別の問題でも役立てるためには、「初見でどのように考えたら解けたのか？」という視点が重要なのです。

　「まずは数列だから規則性を探したい→数列に分数が入っていることから、全体を分数の数列で表せないか？→整数をそのままの形で使うのではなく、分数に変換してみる」というプロセスを理解することが重要です。特定の応用問題の答えを出せる

とりあえず規則性を探したい。

帯分数がポツンとあるのがおかしいので、仮分数にしよう。

それでも、規則性がよく見えてこないので、整数を約分前の分数の形に
戻してみよう。

$$\frac{1}{1} \quad \frac{2}{2} \quad \frac{3}{2} \quad \frac{4}{3} \quad \frac{5}{3} \quad \frac{6}{3} \quad \frac{7}{4} \quad \frac{8}{4} \quad \frac{9}{4} \quad \frac{10}{4} \quad \cdots$$

ここまでわかれば、群数列の問題だ！

➡ **整数をあえて分数に戻すことで規則性を見出す方法もある**

ようになることは、そこまで重要ではありません。プロセスを
意識した直しをすることで、別の応用問題にも対応できるよう
になっていくのです。

3日目

▷デイリーサピックス ②

　前日に間違えた問題に再挑戦しましょう。どうしても取り組
めない場合は飛ばしても大丈夫ですが、1回目の直しがしっか
りできていることが前提です。

　今回の直しも入れると、最大で**デイリーサポート**「実戦編」
2回、**デイリーサピックス**2回と、今週の内容を4回取り組ん
でいることになります。ここまでできれば、その週の問題をほ
ぼ解けるようになっているはずです。演習量、反復量をしっか
り確保することは間違いなく効果があります。詰め込み過ぎは

よくないですが、取り組める問題については、反復して身につけていきましょう。

▷土特

クラスや校舎により取り組む問題は異なりますが、基本的には土特でできなかった問題や、わからなかった問題の直しをします。

また、「分野別補充プリント」は、確実に取り組んでください。図形問題の基本的な解き方を習得するために非常に効果的です。

毎日

▷基礎力トレーニング

4・5年生同様ですが、毎日確実に取り組みましょう。オススメは朝行うこと。フレッシュな状態で時間と正確性を両立し、取り組んでください。

基本的に**基礎トレ**は、1週間通して同じ類題に取り組む構成になっています。この形式では、1か月も経つと3・4週間前の問題を忘れてしまうことがあります。その場合は、図のように各週の問題を順番に解く方法がオススメです。

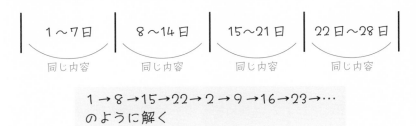

| 1〜7日 | 8〜14日 | 15〜21日 | 22日〜28日 |
| 同じ内容 | 同じ内容 | 同じ内容 | 同じ内容 |

1→8→15→22→2→9→16→23→…
のように解く

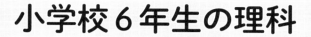

小学校6年生の理科

① ポイント

　理科は4・5年生で単元をひと通り学びますが、中にはどうしても苦手な単元が1つ2つあると思います。特に「電気」「天体」「光」「燃焼」「浮力」「滑車」「てこ」「地層」は、苦手なお子さんが多いです。6年の前期は4・5年生で習った単元の学習なので、どこかで苦手単元に出くわします。その時に、基本に立ち返って復習できるかどうかがポイントです。

　その週のテキストを一生懸命取り組むのもいいですが、4・5年生のテキストの説明を読んだ方がわかりやすい場合もあります。いずれにせよ、苦手単元はその都度しっかり理解できるように取り組みましょう。

　前期で注意してほしいのが、「理科をがんばり過ぎない」ことです。理科が不得意な場合、「6年前期のうちに理科をなんとかしなくては！」と焦って色々と対策を始める方がいます。6年生の算数でも記しましたが、前期のうちはどちらかと言うと算数が重要なので、理科は苦手単元の週にいつもより丁寧に取り組むぐらいで十分です。

　後期の授業では、入試に対応するための実戦力を身につけていきます。さらに、**コアプラス**をとにかく回せるだけ回して、基礎

を磐石にしていきましょう。

2 主な教材

デイリーサピックス	授業・宿題で用いるメインのテキスト。その週の単元を説明する「テーマ」と演習問題が基本構成。巻末は先週の復習テストである「デイリーチェック」。
ウィークリーサピックス	土曜志望校別特訓で使用する教材。
ジュニア理科資料	授業中に使用する資料集。
コアプラス	重要知識を一問一答形式にまとめた、受験の最後まで使う相棒のような教材。

3 授業

平常授業

　理科は週1日に80分の授業が行われます。板書を中心に授業が進みます。**デイリーサピックス**の問題を扱いながら、その単元の基本を学んでいきます。

　前期のうちは、4・5年生で習った単元の復習、入試に対応するための実戦的な問題を扱っていきます。授業進度は、4・5年生と比べて格段に速いです。特に苦手意識があると、そのように感じるでしょう。

　前期のうちに苦手な単元を少しでも減らしておくと、非常にラクになるので、「今週は苦手な単元だ…」という自覚がある時こそ、集中して授業を聞いてください。カリキュラムはあらかじめわかっているので、親御さんの方でも「今日は苦手な○○の授業だか

ら、集中して聞いてきてね」と声がけするといいでしょう。

　また、授業中に指示された問題は、自力で解きましょう。理科に限りませんが、科目や単元が苦手だと授業でもあまり発言せず、問題を解くように指示されても、手をいじったり、ボーっとしたりしている子をよく見かけます。苦手だからこそ授業参加して、疑問を解消できるようにしてください。

土特

　毎週土曜日に 75 分の授業が行われます。配布される**ウィークリーサピックス**の問題は、「X」「Y」「Z」に分かれた構成になっています。

　例えば「熱の伝わり方や水の状態変化」の回なら、「X」は熱の伝わり方の種類や「凝固」「昇華」「融解」などの水の状態変化などの基本的知識を確認する問題、「Y」は入試によく出る典型的な実戦問題、「Z」は思考力を養う記述問題や複雑な計算問題が掲載されています。

　クラスや校舎ごとに、授業中に取り組む問題が異なります。一度5年生で触れている単元なので、思い出しながら授業中の先生の解説をよく聞きましょう。

ウィークリーサピックスの問題構成

X	基本知識の確認問題
Y	入試頻出の実戦問題
Z	記述問題や計算問題

4 学習の進め方

1日目

▷デイリーチェック

デイリーチェックの直しを行いましょう。**デイリーチェック**は、入試問題からほとんど出るので、先週学んだ単元を実戦的に復習できます。

例えば「地層」の単元であれば、堆積した地層の順番を答えさせるような標準かつ典型的な問題です。先週の内容をしっかり復習できていれば解けるはずです。

間違えた問題は解説を読んで解き直し、わからない問題は前週のテキストに戻り、解決しましょう。

デイリーチェックは、**デイリーサピックス**表紙裏の「科学の図鑑」からも出題されます。これは忘れがちなので、しっかり復習して臨みましょう。

▷デイリーサピックス「テーマ」

テキスト冒頭にある、その週の単元の説明を読みましょう。授業で一度解説されているので、知識がより深まるはずです。

単元によっては、暗記も計算もしなければならない場合があります。**臨機応変に覚えるものは覚え、計算問題は解き方をしっかりマスターした上でたくさん練習していきたいです。**

例えば、「中和」の単元で覚えなくてはならないのは、塩酸と水酸化ナトリウム水溶液を混ぜると食塩水ができること、水酸化ナトリウム水溶液には水酸化ナトリウムが溶けていること

です。その上で、実際に比例の計算練習をする必要があります。

　基本原理を徹底的に理解した上で暗記し、計算問題をたくさん解いて、単元全体の理解が進んでいくのです。

▷ デイリーサピックス「ポイントチェック」

　テキストの構成は「テーマ→確認問題→発展問題→ポイントチェック」という流れですが、「テーマ」を読んだ次に「ポイントチェック」に取り組むことをオススメします。

　これは、穴埋め問題を解くことで、その週の主要な知識を理解できる内容になっているからです。「テーマ」の後に取り組むことで、内容をしっかり理解できているか確認できます。わからない部分も、「テーマ」に戻って答えを考えてください。

　また、記述形式のため、丁寧に取り組もうとすると、結構な時間を要します。時間がない場合は、オレンジ色で記されている解答を赤シートで隠して口頭確認でも構いません。

2日目

▶ デイリーサピックス「確認問題」①

その週の単元の主要かつ基本となる典型問題なので、しっかり取り組みましょう。理科が苦手でも、大問1〜4までは確実に取り組んでください。なお、「発展問題」は偏差値55〜60以上のお子さん向けです。

授業中に取り組んだ問題の直しをするのもいいですが、ただ解くだけではいけません。とにかく、1つひとつ納得してから進めてください。**理科は、見たことのない難問が出てくることは一部の最難関校を除いてほぼありません。そのため、典型問題に対する知識と解き方が身についていれば十分と言えます。**間違えたら解説を読んだり、**デイリーサピックス「テーマ」**、**ジュニア理科資料**などを参考にしたりして、納得いくまで理解することが重要なのです。

これで問題の納得度を高めよう

3日目

▶ デイリーサピックス「確認問題」②

1回目で間違えた問題を、もう一度取り組みましょう。ただ、お子さんが忘れっぽいと、前日に正解していても不安ですよね。

その場合は、回によって異なりますが、おおむね大問6までが基本的な問題なので、それらをすべて解き直すといいですよ。

毎日

▷コアプラス

コアプラスのテストは毎週行われるので、その範囲をしっかり学習しましょう。1週間に一周ではなかなか身につかないので、1週間に二周できるように1日のページ数を設定してください。

コアプラスは社会もあるので、スピーディーに取り組むことが重要です。一問一答形式の教材なので、口頭確認がオススメ。

一週間で二周できるように1日のページ数を考えよう!

単元の基本が理解できていない状態で取り組んでも、あまり効果がありません。網羅的(もうら・てき)に理解できていないのに、1つの問題だけ解けても、"ざる"のように知識の穴が残ってしまいます。

半分以上正解できず、答えを暗記するだけの学習になっているなら、4・5年生のテキストを引っ張り出して「テーマ」をじっくり読み直してください。その上で、**コアプラス**の問題に取り組むと基本が定着していくはずです。

▷ デイリーサピックス「デイリーステップ」

「デイリーステップ」は、全部で1〜6の6ページ構成です。1は先週の復習問題、3・5は今までの単元の復習問題、2・4・6は今週の単元の基本を確認する問題になっています。

3・5は5年の復習なので、「この単元は苦手だな」と思ったら、該当するテキストを読んで基本に立ち返りましょう。

2・4・6は、例えば「月の満ち欠け」であれば、十五夜の月が満ち欠けの図の中でどれかというような、基本中の基本を穴埋め形式で答えていきます。

理科の授業日以外、1日1ページのペースで進めていくのが理想です。

デイリーサーピックス「デイリーステップ」の構成

デイリーステップ①	デイリーステップ②
先週の復習問題	今週の確認問題

デイリーステップ③	デイリーステップ④
5年生の復習問題	今週の確認問題

デイリーステップ⑤	デイリーステップ⑥
5年生の復習問題	今週の確認問題

SAPIX

小学校6年生の社会

1 ポイント

　社会は他の科目と違い、5年生を終えてもすべての内容が終わるわけではありません。6年生に入ってから公民が始まり、前期のうちは公民中心に学習していきます。そういうカリキュラムのため社会の仕上がりが遅く、模試などでも足を引っ張って不安に思う方は少なくありません。

　しかし、前期のうちはあまり気にせず、新出単元である公民を着実にマスターできるように毎週の学習を進めましょう。

　地理と歴史は、公民が終わってから夏休み以降、過去問演習やコアプラスなどを通して、基礎知識の定着と実戦力を養います。冬になって、ようやく仕上がってくるのです。前期のうちは、あまり神経質にならずに、毎週の課題を淡々とこなしましょう。

2 主な教材

デイリーサピックス	授業、宿題で使用するメインのテキスト。「テーマ」「確認問題」「デイリーステップ」「デイリーチェック」という構成になっている。
デイリーチェック	毎週の授業で行われる、先週の内容の復習テスト。
アトラス（地図帳）	地理分野の学習の際に使う地図帳。

ジュニア歴史資料	歴史分野に関する資料集。
コアプラス	重要知識を一問一答形式にまとめた、受験の最後まで使う相棒のような教材。

3 授業

平常授業

社会は週1日に80分の授業が行われます。黒板の板書を中心とした講義形式です。さらに、入試に向けた実戦力を養うために演習問題にも取り組みます。

実際の試験では、基本知識をもとに、選択肢問題や資料問題、記述式問題に対応しなくてはいけません。 授業では、そういった入試に出る典型問題を解くためのコツを教えてもらいます。

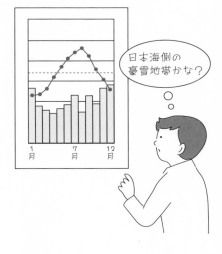

日本海側の
豪雪地帯かな？

例えば、雨温図を見て地域を答える地理の定番問題で、冬の降水量の多さから日本海側の豪雪地帯を見抜く、などです。このような典型問題を解くためのコツを、授業中にしっかり吸収した上で、過去問演習や模試などで生かしていきましょう。

土特

毎週土曜日の75分授業で、志望校に合わせた問題演習を行い

ます。社会は、学校によって出題傾向が様々です。毎年、地形図問題が恒例だったり、もはや国語かと思うほどの記述問題が出たりする学校もあります。そういった傾向に合わせた授業が展開されます。

土特教材の**ウィークリーサピックス**には、基本知識をまとめた「知識の総完成」（宿題用のため授業では不使用）と、「入試実戦演習Ａタイプ・Ｂタイプ」があります。「入試実戦演習Ａタイプ・Ｂタイプ」のどの問題を扱うかは、クラスによって異なります。

いずれにしても、授業で説明される入試問題の対策をよく聞き、平常授業で身につけた基本知識の生かし方を学びましょう。

4 学習の進め方

1日目

▷デイリーチェック

デイリーチェックはあくまで基本の確認なので、間違えた問

題はしっかり反省をして、覚え直してください。

　用語をミスしたら何回か書いて練習する、記号問題をミスしたら正解以外の選択肢の分析もするなど丁寧な直しをしましょう。

▶ デイリーサピックス「テーマ」

　社会の学習において、「テーマ」の学習が最も重要と言っても過言ではありません。「テーマ」には、その単元の基礎知識が網羅的に説明されているからです。

　ただ、「テーマ」読みは宿題として指示されることはないため、軽視されがちです。「テーマ」を読まずにいきなり「確認問題」を解き、正答率が低く、間違い直しも丁寧にせず、1週間の内容の定着率が低い子が非常に多いのです。そうならないように、「テーマ」をしっかり学習し、理解に徹してください。

　まずは音読でも黙読でも構いませんが、頭に入るように丁寧に読みましょう（ほとんどのお子さんは音読だと思います）。その後、太字の重要語句を暗記マーカーでマーキングし、赤シートで隠すなどして覚えてください。具体的にイメージしづらい部分は、資料集やネットを参照して理解を深めてください。

　気をつけたいのが、6年生前期に新出単元として学ぶ公民です。**公民で重要なのは、「分数をしっかり覚えること」です。**例えば、「憲法改正の発議は、衆議院と参議院それぞれの総議員の3分の2以上の賛成が必要」「衆議院や参議院の本会議を開くには、それぞれの議院の総議員の3分の1以上の出席が必要」などです。ひと通り学んだら、これらのまぎらわしい分数をまとめた表の作成をオススメします（ネット検索すると、う

まくまとめているサイトもあるので、参考にしてみてください）。

　また、重要な憲法の条文についても暗記しなくてはいけないものがあります。別途配布される**日本国憲法**を活用してください。

▶ デイリーサピックス「デイリーステップ」①

　「デイリーステップ」には、その週の単元で確実に押さえておきたい知識がまとめられています。例えば「三権分立」の単元で言えば、国会、内閣、裁判所の役割などです。覚えづらい用語は、繰り返し書いて覚えることが有効です。ただ解いて、間違えた問題の解答を写すだけではなく、しっかり覚え切りましょう。

2日目

▶ デイリーサピックス「デイリーステップ」②

　確実に押さえたい知識なので、もう一度サクッと解き直してください。解答がオレンジ色で印字されているので、赤シートで隠してノートや紙に書くとやりやすいですよ。

▶デイリーサピックス「確認問題」①

「解く→直す」という流れで進めます。直しの際は、間違えた問題の解答を写すだけではなく、「テーマ」や資料集なども参考にしてください。

用語を答える問題は、何度か書いて漢字を含めて覚えましょう。また、選択肢問題の直しは「テーマ」や資料集を使いながら、不正解の選択肢について「何が間違っているのか？」「実際は何が正しいのか？」を分析しましょう。

「確認問題」の記述問題は、その場で答えを考える問題というよりは、知識として知っているべきことを文章で回答するものが多いです。例えば、「千葉県、神奈川県の農業は、野菜の出荷額の割合が高いのはなぜか？」という問いに、「大消費地の近くにあるため、新鮮な野菜を素早く出荷できるから。」と文章で答えるような問題です。間違えた問題は内容をしっかり暗記し、知識として吸収するようにしましょう。

社会の偏差値50以下のお子さんは基礎編まで、50〜55の場合は発展編までしっかり取り組んでください。それ以上の偏差値である場合や、志望校が記述問題を出題する場合は、実戦編まで取り組みましょう。クラスで指示があれば、それに従っても構いません。

どう記述すれば点になるかな？

千葉県、神奈川県の農業は、野菜の出荷額の割合が高いのはなぜか？

3日目

▶ デイリーサピックス「確認問題」 2

　1回目で間違えた問題だけで構わないので、解き直しましょう。ただ、忘れっぽい場合や、社会に不安がある場合は、正解した問題も含めて基礎編だけは取り組めるといいですね。

　実際、2回目まで手が回らなければ、親御さんが口頭で確認するなどの時短戦略を選びましょう。

毎日

▶ コアプラス

　基本的には、理科と同様です。ただ、社会は漢字も含めて覚えなくてはいけないので、基本的には筆記での確認が望ましいです。時間がない場合は口頭で確認しつつ、漢字があやふやなものに関しては書いてみるという形でもいいです。ぜひ、二周できるように1日のページ数を設定しましょう。

SAPIX 6年生 1週間のスケジュールサンプル

時刻	6月10日 月曜日	6月11日 火曜日	6月12日 水曜日	6月13日 木曜日	6月14日 金曜日	6月15日 土曜日	6月16日 日曜日
07:00	算基礎トレ	算基礎トレ	算基礎トレ	算基礎トレ	算基礎トレ	算基礎トレ	算基礎トレ
07:30	理デイリーステップ		理デイリーステップ	理デイリーステップ	理デイリーステップ	理デイリーステップ	理デイリーステップ
08:00							
08:30							
09:00							
09:30							
10:00						理社知識の総完成[2] 算分野別補充プリント[2]	国算土特の復習 算分野別補充プリント[1] 理社知識の総完成[1]
10:30							
11:00			学校				
11:30	学校	学校		学校	学校		
12:00							
12:30							
13:00							
13:30							算デイリーサポート「実戦編」[2]
14:00							算デイリーサピックス[1]
14:30							
15:00							
15:30							
16:00						土特	
16:30	算デイリーサピックス[2]		算デイリーサポート「実戦編」[1]		国Bテキスト		国Aテキスト「解法メソッド」「コトノハ実践編」「知の冒険」[1]「読解演習」
17:00							
17:30							
18:00	社デイリーサピックス「デイリーステップ」[2]	算数・理科	理デイリーサピックス「テーマ」	国語・社会	社デイリーサピックス「テーマ」		
18:30	社デイリーサピックス「確認問題」[2]		理デイリーサピックス「ポイントチェック」[1]		社デイリーサピックス「デイリーステップ」[1]		
19:00	理デイリーサピックス「確認問題」[2]		理デイリーサピックス「確認問題」[1]		社デイリーサピックス「確認問題」[1]		
19:30			国Aテキスト「知の冒険」[2]				
20:00							
20:30							
21:00		算理デイリーチェック直し		国社デイリーチェック直し			
21:30	国漢字の要 国言葉ナビ	国漢字の要 国言葉ナビ	国漢字の要 国言葉ナビ	国漢字の要 国言葉ナビ	国漢字の要 国言葉ナビ	国漢字の要 国言葉ナビ	国漢字の要 国言葉ナビ
22:00	理コアプラス 社コアプラス	理コアプラス 社コアプラス	理コアプラス 社コアプラス	理コアプラス 社コアプラス	理コアプラス 社コアプラス	理コアプラス 社コアプラス	理コアプラス 社コアプラス
完了チェック							

■ は塾の時間です　■ は先週分の宿題です

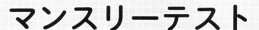

マンスリーテスト

　SAPIX では、月に 1 回程度 3 〜 5 週分の内容を中心に出題されるマンスリーテストがあります。このテストでクラス昇降が行われるので、多くの SAPIX 生はここで成果を出すことが目標になるでしょう。

　実際、クラスが上がることで優秀な講師の授業を受けやすくなるので、お子さんのモチベーションも上がり、塾での学習がスムーズになります（もちろん、例外もあります）。

　対策については、2 週間ぐらい前から行うのが望ましいです。教科ごとに、どのように復習していくのがよいかご紹介するので、スケジュールにうまく落とし込みましょう。

　なお、組み分けテストは出題範囲が限定的ではないため、本書での解説は割愛します。

マンスリーテスト（国語）の対策

▷ A テキスト「漢字の学習」（漢字の要 6年生 ）

　4・5年生の漢字は、**A テキスト**「漢字の学習」から出題されます。読み取り・書き取りの問題についてすべて見直しましょう。オススメの復習方法をご紹介します。

① テスト範囲の問題だけまとめたものを３部
　コピーする

② １部を使って、何も見ずに解く

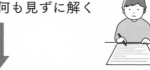

③ 間違えた問題は３回ずつ練習する

④ 後日、１部目で間違えた問題のみ２部目で
　確認する

２部目

⑤ ２部目で間違えた問題を３部目で確認する

３部目

　また、６年生のマンスリーテストの漢字は、**漢字の要**から出題されます。以下を繰り返して、すべての漢字が答えられるようになるのが理想です。

① テスト範囲の問題を赤シートで隠しながら全部解き直す
② 間違えた問題は正しい漢字を書き直し、問題番号に印をつける
③ 数日後に間違えた問題のみ再度解き直す
④ そこでも間違えた問題は正しく書き直し、問題番号に印をつけ、数日後に解き直す

　国語で成績のいいお子さんのほとんどは、漢字もしっかり得点しています。漢字は国語の得意・不得意に関わらず得点でき

るので、がんばって取り組みましょう。

▶ Ａテキスト「知の冒険」

　国語のＡ授業は、何週かに１回、「知の冒険」をメインに扱う回があります。「知の冒険」回の**Ａテキスト**に内容がすべてまとまっているので、もう一度説明を読み直した上で、問題を解き直しましょう。漢字同様に、まずは解いてみて、間違えた部分は後日もう一度確認します。

▶ Ａテキスト「コトノハ」

　「コトノハ」は、解き直すとなると、正直結構な負担です。他の科目の対策も考えると、手厚く復習するのは難しいのが現実だと思います。そのため、設問で問われている言葉について確認する程度で大丈夫です。親御さんが、口頭で「○○の意味は？」と問いかけるのが手軽でいいでしょう。

▶ 言葉ナビ

　言葉ナビは、できれば該当（がいとう）範囲をすべて確認するのが望ましいです。２週間前からその週の内容も合わせて、マンスリーテストの範囲の単元について取り組みたいところです。

　範囲が４週間分とする場合、２〜３日で１週間分の内容を復習するように進めると、マンスリーテストまでに、テスト範囲を二周ほどできるはずです。ただ、そのためにはかなりスピーディーに取り組まなくてはいけないので、基本は口頭確認し、漢字が不安な語彙（ごい）だけ書いて練習しましょう。１回確認して間違えた言葉にはチェックをつけておき、二周目は間違えた言葉

だけ復習するようにすると、一周目よりも早く進んで、何とか二周回せるはずです。

▶読解問題対策

　マンスリーテストで出題される読解問題は、初見の文章と問題が出題されるため対策がしづらいです。ただ、基本的には選択問題が中心で、記述問題は大問１つに対し１〜２問ほど出題されます。まずは、しっかり選択問題を得点できるようにしましょう。

　毎週、**Ａテキスト**「読解メソッド」で学んだことを、**Ａテキスト**「読解演習」で練習することが重要です。マンスリーテスト対策としては、できることはそんなにありませんが、日頃の学習が生きてくるはずです。

マンスリーテストの読解問題の傾向

・選択問題中心
・記述問題は大問１つに対し１〜２問

マンスリーテスト（算数）の対策

▶デイリーサピックス ◀4年生
デイリーサポート ◀5・6年生

　４年生はテスト範囲の週の**デイリーサピックス**、５・６年生

は**デイリーサポート**がメインの出題範囲です。対策としては、全部解き直して完璧にすればいいのですが、できるのはかなり上位のお子さんに限ります。

目標偏差値ごとにどこまで復習すべきかを表にまとめました。基本的には、この内容をしっかり解き直しましょう。間違えた問題は、マンスリーテスト直前にもう一度解き直してください。

下表の内容が難しければ、毎週のデイリーチェックを解き直すだけでも構いません。最低限の復習にはなるはずです。

目標偏差値	4年生 (デイリーサピックス)	5年生 (デイリーサポート)	6年生 (デイリーサポート)
40〜50	☆☆まで	A〜B問題	A〜B問題
55	☆☆と、☆☆☆の中で解けそうな問題	A〜C問題	A〜D問題
60以上	☆☆☆	A〜D問題	A〜E問題

▷基礎力トレーニング

マンスリーテストの大問1の出典元なので、**基礎トレ**の復習は重要な課題です。

基礎トレは、1日分が①〜⑩という10問構成です。そのうち④以降の問題は、ちょっとした文章題や図形問題になっています。新しいパターンの問題には解説が載っており、問題番号の横に印がついています。この印のある問題はしっかり復習しましょう。

余裕がある場合は印のある問題をすべて解き直してもいいですが、余裕がない場合は通常の宿題で間違えた問題だけでも構いません。言わずもがなですが、復習の段階で間違えた問題は、

マンスリーテスト前にもう一度復習できると最善です。

マンスリーテスト（理科）の対策

▷デイリーサピックス

　理科は、メインテキストの**デイリーサピックス**からの出題です。まず、忘れがちな表紙裏の「図鑑」に取り組みます。範囲の回のすべての「図鑑」をまとめて、移動などの隙間時間に確認しましょう。トイレや勉強机の前など目立つ場所に貼るのもアリです。

　そして、各回の「確認問題」の大問１〜４を確実に復習しましょう。余裕がある場合は大問４〜８も見直して構いませんが、大問１〜４を確実にマスターしてからにします。理解しきれていない部分や忘れている部分は、「テーマ」で復習することが肝心です。

マンスリーテスト（社会）の対策

▷デイリーサピックス

　メインテキストの**デイリーサピックス**から出題されます。まず、テスト範囲の各回の「デイリーステップ」のみまとめ、隙間時間で漢字も含めて確実に暗記しましょう。

　その次は「テーマ」の学習をします。しっかり読み直し、太字部分も暗記していきます。その際、暗記マーカーと赤シートを活用するのがオススメ。こちらも、隙間時間を有効活用しましょう。裏面の「コラム」までしっかり読んでくださいね。

多くの生徒さんは「テーマ」までの学習で手一杯だと思いますが、可能であれば基本問題も見直しましょう。実際に解いてもよいですし、口頭確認でもよいです。

6年生の過去問演習と特別講習

SAPIX

① 過去問演習

　秋以降になると、入試に向けて過去問演習をしていく必要があります。どの過去問を解くかは、塾からある程度指示されますが、結局は各家庭でスケジュールを立てて取り組む必要があります。

　時期は夏休みが終わった9月からが一般的ですが、基本がしっかりできていない場合は焦らなくて大丈夫です。10月頃から始めても間に合うので、まずは夏休みにやり残した、基礎固めや苦手克服を中心にがんばりましょう。

　また、SAPIX生が過去問に取り組む時間帯は、基本的に「土曜日の朝」しかないと思ってください。毎週の習慣の中で取り組みましょう。

　ちなみに、過去問は解くことだけに注力してしまう方が多いですが、それではあまり意味がありません。毎回点数が出るも

土曜日の朝

さあ、過去問演習の時間よ

のなので、合格最低点に届くか届かないかで一喜一憂するのではなく、そこで出た課題を洗い出し、その対策を実行に移すことが

大切です。量よりも質を重視しましょう。

② 特別演習

　6年生になると、様々な講習があります。平常授業と土特に関しては通年ありますが、長期休みや後期に始まる講習があります。それぞれの講習の扱い方や復習の仕方などをお伝えします。

①春期講習

　春期講習は、春休みに開催される講習です。前の学年の内容を復習しつつ、新しい論点を学習します。多くの生徒が苦手な単元が扱われており、しっかり復習することで苦手を克服できるお子さんも多いはずです。

　教材の構成は、平常授業とほとんど変わらないので、復習方法も平常授業と大きく変わりません。ただ、春期講習は、全日程の中で毎日授業がある時もあり、その日のうちに復習し切るのは難しい日もあります。やり残した分は講習のない日に消化しつつ進めていくのがよいでしょう。

　おそらく、多くのお子さんにとって、何かしらの苦手単元が出てくるでしょうから、その単元を重点的に見直すことをオススメします。苦手を少しでも減らして新学年を迎えましょう。

②志望校別 GS（ゴールデンウィークサピックス）特訓

　その名の通り、ゴールディンウィークに行われる講習です。内

容としては、入試問題レベルの問題に触れる演習中心の授業です。狙いは、本番の難易度を知るという部分が大きいです。ゴールを知ることで、お尻に火をつけるようなイメージですね。

ゴールデンウィークの時点で、入試問題に対応できる力が備わっている生徒はほとんどいません。 そのため、トップ層の生徒も含めて、ほとんどのお子さんが GS 特訓の問題は難しいと感じるはずです。むしろ、そのような感想を持つことが目的と言ってもよいので、できなくても焦る必要はまったくありません。

また、特訓名から志望校別にクラス分けされると思われがちですが、実際は成績順に分けられたクラスに学校名がついているだけです。「開成コース」だとしたら、開成志望のお子さんが集まっているというより、開成を受験するレベルのクラスということです。

GS 特訓は、必ずしも受講する必要はありません。先ほど記した通り、入試レベルを体感することが目的なので、偏差値 50 以下のお子さんにとっては、それよりも春期講習の積み残しや、4 月に入ってから苦手単元を克服することの方が重要です。もし、

合格したら、来年の
GW は旅行したい

ご家庭でサポートでき、勉強時間が取れるのであれば、GS特訓を受けずに苦手克服にあてることも選択肢に入るでしょう。

③夏期講習

　夏休みの講習は、重要事項の復習をしつつ、入試につながるような応用的な内容にも入ってきます。夏休みは受験の天王山とも言われますが、夏期講習はとにかく怒涛のスケジュールです。4〜5日連続で13:30〜19:30まで授業があり、1日休みを挟んで、また4〜5日連続で授業というサイクルが続きます。まずは、この夏期講習を受け切る、ということが重要です。

　復習に関しては、その日帰ってきてからと翌日の授業前の午前中に進められるところまで宿題をこなす、取りこぼしたところはお盆のお休みで復習する、という流れがいいです。

　そして、**夏休みの間に並行して取り組んでもらいたい課題があります。それは、「模試の直し」です。** 6年生の2月から受けてきたテストをすべて集めて、間違えた問題を直していきます。科目としては、算数がオススメ。苦手なら、理科も取り組んで構いませんが、国語と社会は模試の直しという学習があまり効果的ではないので、必要ないでしょう。

　間違えた問題をすべてやり直すとあまりに大変なので、お子さんの学力に合わせて正答率で線引きを行います。正答率が「80 − 偏差値以上」の問題を目安にします。例えば、偏差値50のお子さんは正答率30%以上の問題で間違えたものを復習していきます。それでも問題数が多過ぎたり、少な過ぎたりする場合は、合計の問題数が100〜150問ぐらいになるように調整してください。

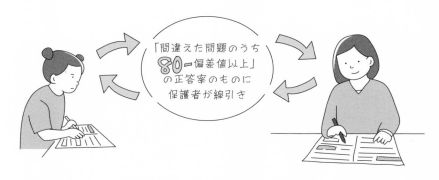

「間違えた問題のうち
80-偏差値以上」
の正答率のものに
保護者が線引き

とにかく、この模試の直しを行うことが最重要と言ってもいいぐらいです。「1日○問」というようにルーティンに取り入れながらこなしてください。間違えた問題は二周目を行います。そして、そこでも間違えたら三周目を行いましょう。それを繰り返してすべての問題をクリアできることが夏休みの目標です。

この模試の直し学習は、僕が今まで家庭教師をしてきたほぼすべての生徒に取り組んでもらっています。夏期講習に行きながら、模試の直しを並行してこなせれば、秋以降にきっと成果が現れるでしょう。

④夏期講習志望校錬成特訓

いわゆる「カキシ」と言われる講習です。夏休みの後半に5日間連続で行われます。内容としては、志望校別に分かれて、志望校ごとの出題形式に合わせた演習形式の授業になります。教材は、この後に説明するサンデーサピックスと似ています。

復習は、正直あまり手厚くできません。5日連続なので、授業で扱った問題を家で復習するぐらいになります。

⑤ SS（サンデーサピックス）特訓

　9月から、SS（サンデーサピックス）と言われる講座が、毎週の日曜日に行われます。志望校ごとに講座が分かれており、志望校に合わせた対策を行います。また、単科講座もあり、苦手科目や、さらに伸ばしたい科目について学習していきます。

　いずれにしても、基本的には演習なので、授業中にしっかり手を動かしてくることが大事です。復習としては、授業で扱った問題の直しができれば十分でしょう。現実的に、それ以上の復習は難しいと思います。

⑥ 冬季講習・正月特訓

　受験生にとって、冬休みや年末年始はとにかく追い込みの時期です。言わずもがなですが、入試に向けた実戦形式の演習中心授業になります。復習は、授業で扱った問題の直しをしましょう。

親が勉強を教える時の心得

　親御さんが勉強を教える機会は、少なからず発生します。しかし、保護者の方が勉強を教え出すと、だいたい良い方向に転がりません。

　多くの親御さんがお子さんを何とかしたくて勉強を教えているのに、焦りや期待のせいで「なんでこんな問題もできないの！」とキツく当たってしまうものです。こうなると、親子関係が悪化してしまい、非常にまずい事態になります。

　では、どうしたら親子関係の悪化を防ぎながら、勉強を教えることができるのでしょうか。大事な心がけを2つお伝えします。

- **教えるのではなく付き合う**
- **感情的にならない**

　親御さんがご自身の知識の中で教えることになると、例えば算数を数学で教えてしまう、ということにもなります。そこで大事なのが、「教えるのではなく付き合う」ということ。つまり、お子さんの勉強内容をわかった上で教えます。ふだん学んでいる内容や解き方をしっかり把握し、それをもとに教えてあげてください。

　もう1つの「感情的にならない」は、正直非常に難しいことです。わが子だからこそ、つい叱ってしまうものですよね…。でも、個人的には、これができないならお子さんに勉強を教えない方がいいと思います。親子関係が悪くなっては元も子もありません。

　この2つのポイントを押さえた上で勉強を教えるのは、実際難しいことです。その場合は、やはりプロにまかせると割り切ってもいいでしょう。まず頼るべきは、塾の先生なので、定期的に質問に行ってください。それだけで解決できない場合は、家庭教師や個別指導塾で見てもらうことも考えてみましょう。

第 **3** 章

日能研の
合格サポート戦略

小学校4・5年生の国語

1 ポイント

　4・5年生は、まずは文章をしっかり読むことに気をつけて学習しましょう。ご家庭では、「音読」に取り組んでもらいたいと思います。親御さんは横にいながら文章の感想を共有したり、背景知識を説明してあげたり、意味のわからない言葉を調べさせたりするなど、サポートをしてください。

　また、国語の得意・不得意にかかわらず、漢字力と語彙力は必ず鍛えましょう。読む能力があっても、言葉を知らなければ、入試本番では相当不利になります。4・5年生の時に漢字が苦手だったり、語彙が少なかったりする子は、6年生になっても苦手なままのことが多いです。ぜひ、この段階で基本的な漢字力・語彙力を身につけるようにしてください。

　二週に1回行われる育成テストでは、授業や宿題で扱った文章がそのまま出題されます。授業や宿題の文章をしっかり復習することで得点しやすくなり、クラスアップを目指すことができます。一度習った文章からテストが出題されるということは、「毎週の復習をしっかりしよう」という塾からのメッセージととらえ、抜かりなく復習するようにしましょう。

2 主な教材

本科教室	授業用のテキスト。読解テクニックの説明、文章読解や知識に関する問題が掲載されている。
栄冠への道	家庭学習用の演習形式のテキスト。
計算と漢字	計算と漢字に関しての学習がまとめられている。

3 授業

　国語の授業は 70 分で、４年生は週１コマ、５年生は週２コマあります（５年上位クラスは３コマの場合もあります）。日能研は１クラス 25 名ほどで、それなりの大人数で授業を受けることになります。中には、“お客さん状態” の生徒もいるでしょう。

　しかし、国語はご家庭でうまく教えづらい科目なので、授業でどれだけ吸収できるかがカギとなります。**フィーリングで解くのではなく、授業中に習う「読み方」「解き方」を家庭学習で生かすと、国語力が伸びていきます**。先生の話をしっかり聞き、ノートを取りながら能動的に授業を受けましょう。

　ただ、現実はそう甘くなく、授業でうまく吸収できないお子さんもいます。その場合は、「4. 学習の進め方」を家庭学習の参考にしてください。

4 学習の進め方

1日目

▷栄冠への道「思い起こし」

　　栄冠への道は、「思い起こし」と「学び直し」に分かれています。そのうちの「思い起こし」は、その名の通り授業内容を思い起こすためのものです。授業中に思ったことを書くことで、その時の感情や情景を思い浮かべる、授業レポートみたいなものです。

　　ただ正直、学力にはあまり関係ないとも言えます。お子さんまかせにすると、「やる意味あるの？」と思うような薄いレポートになりがちです。ですので、親御さんが問いかけることで、お子さんの話を聞き出してあげてください。それも難しいなら、重要度は低いので無理にやらなくてもいいでしょう。

▷栄冠への道「学び直し①」

　　家庭学習のメインとなるのは、**栄冠への道**「学び直し」です。①〜③があり、①は「授業での自分を思い出しながら取り組んでみよう」、②は「研究してみよう」、③は「演習」という副題がついています。

　　まずは、知識問題や文章問題がある①をしっかり解きましょう。丸付けも行い、解説も読んで直しをします。文章問題を解く際は音読をしてください。国語が苦手なら、保護者の方が音読の切り方・イントネーションの間違いを直してあげましょう。また、わからない言葉は意味を調べて使い方まで含めて理解す

音読の切り方はね…

ここのイントネーションは
こんな風ね

っっ

ることをクセづけます。丁寧に音読ができたら、問題を解き進めてください。

▶計算と漢字「読み」

計算と漢字は、文字通り計算と漢字の学習がまとめられた教材です。漢字については右ページから始まり、1週間で1ページ取り組むようになっています。

メインの内容は、例文とともにその週の「読み」「書き」を答える問題です。上・下段で同じ例文を使って、上段では「読み」を、下段では「書き」を答える構成になっています。

まずは、上段の「読み」から取り組みましょう。わからない言葉があれば、意味調べをしてください。

ステージⅢ　第10回

読み

① 自然を大切にする運動が世界で起きている。
② 美しい石庭の神社がつくられた。
③ 野菜を食べることは体によい。

書き

① シゼンを大切にする運動が世界で起きている。
② 美しいセキテイの神社がつくられた。
③ ヤサイを食べることは体によい。

▷ 栄冠への道「学び直し③」

　栄冠への道「学び直し③」はシンプルな演習問題です。国語の成績を上げたい人、得意な人は必ず取り組むようにしてください。

　ここでも、国語が苦手な場合はしっかり音読し、言葉の意味を正確にとらえながら情景をイメージしましょう。問題を解いた後は、解説を読みながら解き直しをします。ただ、このあたりは国語が苦手なお子さんが1人でできる作業ではないので、親御さんがサポートしてあげてください。

▷ 計算と漢字「書き」

　計算と漢字の下段の「書き」に取り組みます。できる限り親御さんが採点し、トメ・ハネ・ハライなどに気をつけて厳しめにチェックします。間違えた漢字は3回ほど練習しましょう。

　重要なのが、わからない言葉の意味調べです。漢字の意味と熟語の意味を両方知っていれば、知らない言葉が出てもある程度推測できます。例えば、「ニュウ試に合格して、とてもうれ

しかった」という問題があったとします。「入＝何かに入る」
と意味を知っていれば、そこから推測して「入試＝学校に入る
ための試験」と答えられます。

　しかし、漢字の意味を知らない、あるいは熟語の意味を知ら
ないと、「乳試」などの珍回答を書いてしまうわけです。そう
ならないためにも、わからない言葉が出てきたら意味を調べる
ことを徹底しましょう。小さな積み重ねが語彙力を作っていき
ますよ。

3日目

▶栄冠への道「学び直し②」

　「学び直し②」は研究用の教材なので、優先順位は高くありま
せん。テストで点数を取るために重要なのは**栄冠への道「学び
直し①③」**なので、そちらを優先して取り組んでください。

▶計算と漢字「読み」「書き」

　漢字は一度やっただけでは忘れてしまうので、土曜日の育成
テスト前に復習します。「読み」「書き」すべての問題をテスト
形式で解き直しましょう。

小学校4・5年生の算数

1 ポイント

「受験は算数で決まる」とも言われます。算数の基本を身につける時期は4・5年生です。そして、その基礎となるのが「計算力」。まずは、欠かさずに**計算と漢字**で計算の学習に取り組みましょう。

また、毎週の学習は宿題をこなすことにとらわれてはいけません。大事なのは「基礎を確実にする」という心がけです。基本的な問題を何度も繰り返しながら、確実にマスターしましょう。

もしかしたら、偏差値60以上のお子さんには物足りないと感じることがあるかもしれません。その場合は、他の塾ですが、四谷大塚の出している**予習シリーズ**などを使いながら、より高みを目指すのもいいでしょう。

2 主な教材

本科教室	授業用のテキスト。その週の単元の基本的な考え方の説明と、演習用の問題が掲載されている。
栄冠への道	家庭学習用の演習形式のテキスト。
計算と漢字	計算と漢字に関しての学習がまとめられている。

③ 授業

　算数は、４・５年生ともに70分授業が週２コマあります（５年上位クラスは３コマの場合もあります）。授業は**本科教室**という教材に沿って進められます。講義形式で、先生との掛け合いを楽しみながら、その週の内容を学習します。クラスの人数は多いですが、１日に１回は手を挙げて発言や質問をするようにしましょう。

　特に５年生になると、ご家庭での復習で１週間の内容を完璧にするのが難しくなってきます。４年生のうちから授業でなるべく吸収できるように訓練し、５年生ではできる限り授業で吸収できるようにしましょう。どの塾でも言えることですが、実際に上位クラスの多くの生徒は授業中にかなりの割合を吸収できています。

　授業中に教えられた解法を理解してノートを取り、復習の際には"同じやり方"で解き直すことが重要です。しっかり反復しながら、基礎的な内容を毎週マスターできるように学習を進めていきましょう。

▷ 栄冠への道「思い起こし」

　栄冠への道は家庭学習用教材です。「思い起こし」は①と②に分かれています。①は授業での様子を思い出す箇所、②はその単元の大事な考え方や解き方などが説明されています。

　4・5年生の算数は、授業で習ったやり方で解くことが非常に重要です。なぜなら、その時期に習った解き方をベースとして、入試問題を解くからです。いわば、武道の「型」のようなもの。その型を身につけて、はじめて応用が利くのです。

　自己流で解くような粘り強さも大事ですが、基礎的な問題はできる限り自己流を排除したいところです。②の内容をじっくり読み、授業での解き方を思い出しながら、その先の宿題の取り組みに生かしましょう。

▷ 栄冠への道「学び直し①」⚊1⚊

　「学び直し」は宿題のメインで、①〜③があります。国語と同様、①は「授業での自分を思い出しながら取り組んでみよう」、②は「研究してみよう」、③は「演習」です。

　①は基本的な問題が中心で、ここだけはしっかり解けるようにしておきたいです。解いたら直しを行い、解説を読み、理解できたら何も見ずに解き直しをしましょう。これを1日目に取り組みます。

　宿題をこなすことが目的になり、理解できていないのに先に

進むお子さんが非常に多くいます。算数が苦手なら、「学び直し①」だけでも完璧にできるようにしましょう。そのためには、**間違えた問題をその場で解決し、自力で解けるようにすることが重要です。**

そして、しつこいようですが、ここでも授業で習ったやり方で行うことが重要です。

学び直し①授業での自分を思い出しながら取り組んでみよう

問題文の情報をどのように整理するのか、図や表をどのように書くのかなど授業で習ったやり方で行いましょう。

しかし、ここまで親御さんにチェックしてもらうのは現実的ではないので、間違い直しの時や、わからない問題を教える時に、「授業ではどのように教えてもらったのか」を意識してサポートするようにしてください。

2日目

▶栄冠への道「学び直し①」2

2日目も**栄冠への道**「学び直し①」の直しをします。毎週確実にできるようにしておきたいので、1日目に間違えた問題を、何も見ずに解き直しを行ってください。

この"何も見ずに"が非常に重要です。よくあるのが、解説や授業ノートをチラチラ見ながら解き直すというもの。しかし、そういうやり方では結局テストで解けません。何も見ないで1

人で解けるかどうかを試してください。

　１日目で直しまで含めてしっかり取り組んだら、２日目で何も見ずに解ける可能性は高まります。

　しかし、実際はそううまくいかないもので、数日前に復習したのに解き方を忘れてしまうケースは少なくありません。もし２日目でも解けなかった場合は、懲りずに解説を読み直し、理解できたら何も見ずに解き直しましょう。

▷ 栄冠への道「学び直し③」①

　「学び直し③」は、「学び直し①」より少し難易度がアップします。そのため優先順位は高くないので、偏差値50以下の場合は無理して全問解かなくても、できそうな問題にだけ取り組めば十分です。

　４・５年生の算数は、とにかく典型問題を習ったやり方で解けるようになることが重要であると説明してきました。「成績アップのためには難しい問題に挑戦しなければ！」と焦るかもしれませんが、実際に「学び直し③」を解いてみて、手も足も出なかったり、解説を理解できなかったりする問題は「今は取り組むべきではない」と判断して飛ばしても構いません。

特に4年生の後半あたりから習う、つるかめ算や線分図など
を使う単元になると、算数が苦手な子はついていけなくなり、
「学び直し①」でもなかなか理解できないこともあります。そ
の場合は親御さんも割り切って、「これは解けなくても大丈夫。
基本を着実にやっていこう」と声をかけてあげてください。基
礎が固まっていくうちに、徐々に「学び直し③」にも取り組め
るようになっていくはずです。

　一方、偏差値60以上を目指すお子さんは、「学び直し③」ま
で完璧にしましょう。「学び直し①」だけだと、演習量が足り
ないので確実に取り組んでください。解いた問題は丸付けを行
い、間違えた問題は解説を読み、もう一度解き直します。

3日目

▷ 栄冠への道「学び直し③」②

　2日目に間違えた「学び直し③」の問題に取り組んだ場合は、
解き直しを行いましょう。

▷ 栄冠への道「学び直し②」

　「学び直し②」は、「研究してみよう」という副題の通り、研究課題です。じっくり考えるのが好きなお子さんは、ぜひ取り組みましょう。算数において、特に偏差値 60 以上を目指す場合は、粘り強く、頭をやわらかく使う力が重要になります。そういった力を養うために良い問題です。

　ただし、どちらかと言うと重要なのは「学び直し①③」なので、無理に取り組む必要はありません。余裕がある場合で大丈夫です。

毎日

▷ 計算と漢字

　計算と漢字は左ページから開くと、計算の学習が始まります。1 週間分として、A 〜 D の 4 種類の問題があります。取り組み方は色々ありますが、塾のない日に A 〜 D を 1 つずつ解くのがオススメ。毎日やるなら、A 〜 D すべての問題を 7 等分して取り組むのがいいでしょう。

【第 1 回 A】整数のわり算

次のわり算の商を求めましょう。あまりを出してください
(1)2250÷13　(2)2250÷11
(3)2250÷19　(4)2650÷23
(5)3480÷23　(6)6570÷23

【第 1 回 B】整数と小数のわり算

次のわり算の商を小数第 1 位まで求めましょう。あまりを出してください。

(1)25÷3.1　(2)25÷3.7
(3)25÷4.1　(4) 35÷6.3
(5) 45÷6.3　(6)51÷6.3

　よくないのは、一気にすべての問題を解くこと。計算力は一朝一夕に身につかないので、こまめに取り組んでください。

小学校4・5年生の理科

① ポイント

　理科は、単元によって好き嫌いが分かれやすい科目です。暗記メインの単元もあれば、計算メインの単元もあるからです。暗記は得意だけど計算が苦手だったり、逆に計算は得意だけど暗記が苦手だったりするお子さんもいます。

　他にも、特定の分野にどうしても興味が持てなくて勉強のモチベーションが上がらず、苦手になることもあります。「植物」「昆虫」「岩石」などが、その代表例です。

　このように、**単元によって好き嫌い、得手不得手が分かれやすいので、嫌いな単元をなるべく減らす努力が必要です。** そのためには、なるべく日常の光景とひもづけることが重要です。例えば、水を加熱したら気泡（きほう）がたくさん出て沸騰（ふっとう）する現象を、鍋料理のグツグツ煮えたぎる様子とひもづけるようなことです。

　他にも、光と音のスピードの違いは、雷がピカッと光ってから雷鳴が聞こえるまでにタイムラグがあることを想像できれば、スムーズに理解できるはずです。

　ただ、この日常とひもづける作業は、お子さん1人では到底（とうてい）できません。そのため塾から帰ってきて、その週の単元の復習を始める時に親御さんもテキストを一緒に読み、説明できる範囲で日常

の光景と結びつけてあげてください。

　理科のテキストにある画像や図などからも、ある程度イメージできますが、日能研のテキストはモノクロ印刷のため、イメージしづらいのが弱点です。イラスト主体で写真が豊富な**理科実験資料集**や理科の解説動画を YouTube 検索して参考にしてもいいでしょう。

2 主な教材

本科教室	その週の単元の内容が書かれている授業用のテキスト。
栄冠への道	家庭学習用の演習形式のテキスト。基本的に宿題はこのテキストから出される。
理科実験資料集	写真資料集。授業や家庭学習で参考にする補助教材。

3 授業

　理科は4年生が隔週1コマ、5年生は週1コマの70分授業が行われます。5年生は選択制で隔週の単科講座があるため、その場合は2コマ受講することになります。

授業は**本科教室**を用いて行われます。具体的な進め方は担当講師によって異なりますが、基本的にはその週の単元について、黒板を使いながら学習していきます。その中で、教科書にはない覚え方のコツなどをたくさん教えてくれるので、そういった知識をメモしながら受けましょう。

4・5年生の間は、まずは理科を楽しむことが重要です。授業中に聞いた雑談は、意外とお子さんも覚えているものです。塾から帰ってきたら「何か面白い話、聞いた?」と問いかけて、授業の振り返りをしてみるのもオススメです。

4 学習の進め方

1日目

▷栄冠への道「思い起こし」

栄冠への道「思い起こし」は、算数・国語と同様、授業内容を思い出すものです。①と②があり、①は授業内容を思い出しながら感想を書くパートなので、そこまで優先順位は高くありません。

②は各単元の授業の要点がまとめられたページです。理科の暗記単元の場合、まずは大枠（おおわく）を理解することが重要です。そのためには、②でおさらいしてから宿題に取りかかりましょう。

　特に、計算問題が出てくる「てこ」「滑車（かっしゃ）」「中和」などの単元の場合、②を読んで解き方の基本をしっかりおさらいしてください。理科の計算問題は苦手な子が多いものの、計算自体は難しくないので、基本の解き方を習得できたら成績も上がりやすいですよ。

▷ 栄冠への道「学び直し①」 �1 「学び直し②」

　栄冠への道「学び直し①」では、単元の基本的な知識を学ぶ問題が出題されます。間違えた問題はしっかり解説を読み、復習しましょう。

　ただ、問題によっては解説がなかったり、あってもよくわからなかったりすることがあります。その場合は、該当部分の**栄冠への道**「思い起こし②」や**本科教室**で確認しましょう。

栄冠への道
「学び直し②」

　栄冠への道「学び直し②」は、「研究してみよう」という副題がついているだけあって、その週の単元内容をより深く考えさせる問題が出題されます。図を書いたり、問題に沿って検証したりする問題が並んでおり、理科が苦手なお子さんからしたら、一見取り組みづらいと感じるかもしれません。しかし、こういった**単純な暗記には収まらない思考系の問題は、最近の入試でトレンドになっています。**

　理科において物事をじっくり考える・研究する姿勢は、入試においても求められるので、余裕があるお子さんは、ぜひ取り組みましょう。ただ、重要なのは「学び直し①」を完璧にすることです。「学び直し②」は、理科が苦手なら無理する必要はありません。

2日目

▷栄冠への道「学び直し①」2

　「学び直し①」はしっかり身につけたい問題なので、1日目に間違えた問題の解き直しを行ってください。ミスした問題に印をつけて、「この問題をやりなさい」と指定してもいいでしょう。

　暗記系の単元は親御さんが出題者となって口頭でやり取りすると、勉強のハードルが下がるのでオススメですよ。

▷栄冠への道「学び直し③」1

　「学び直し③」は、基本的な知識を用いた標準的な演習問題です。理科の偏差値50以上なら、ぜひ取り組んでください。理科が苦手でも、できる範囲で取り組みましょう。

　その際に注意してほしいのは、「学び直し③」は基本知識が

固まっていない中で、闇雲に解くだけでは効果が小さいということ。理科は、演習問題を解く前に、必要な知識や典型的な考え方を身につけることが重要です。例えば、水溶液の計算問題も、「AとBを混ぜたらCができる」という前提知識がないと解きようがないですよね。

基本知識が固まっていない状態で解いてたくさん間違え、問題の直しを一応するものの精度が低い、ということでは意味がありません。**「学び直し①」を完璧にするか、覚えるべき知識が入っているか確認した上で「学び直し③」に取り組みましょう**。そうすれば、それなりの正答率になり、直しも減って効率的な学習になるはずです。

3日目

▷ 栄冠への道「学び直し③」2

2日目で「学び直し③」に取り組んだお子さんは、間違えた問題の解き直しを行いましょう。偏差値55〜60以上を目指すなら、毎週すべての問題を完璧にしたいところです。

小学校4・5年生の社会

1 ポイント

　一般的な塾と同様、5年生の夏までは地理分野の学習に取り組み、9月から歴史分野に入ります。まずは、地理をしっかり固めましょう。地名については日々のニュースや会話などで耳にするたびに場所を確認したり、塾で配られる**地図シート**をトイレや部屋の壁に貼ったりして、身近なものにすることが重要です。

　また、歴史が始まる直前の5年生の夏休みの間に、歴史マンガを読んでおくとオススメ。歴史は大まかにでも知っていると、大きなアドバンテージになりますよ。

2 主な教材

本科教室	その週の単元内容の説明が書かれている、授業用のテキスト。
栄冠への道	家庭学習用の演習形式のテキスト。宿題の大半はここから出題される。
地図シート	簡単な日本の地形や都道府県が見られる地図（4年生）。
白地図作業ノート	地図を見ながら、地名などを書き込むことができるノート。5年生2月以降の地理分野での家庭学習で使用。
地理資料集	地理分野の資料集。5年生2月以降の授業や家庭学習で使用。
日本史資料集	歴史分野の資料集。5年生9月以降の歴史分野の授業や家庭学習で使用。

③ 授業

　社会は4年生が隔週1コマ、5年生は週1コマの70分授業が行われます。授業の進め方は、担当講師の裁量にかなりまかされている部分があります。基本的には、黒板を使った講義形式の授業になります。授業用の教材は**本科教室**ですが、この使用も担当講師によります。ただ、授業中に**本科教室**の中の重要箇所について教えてくれることもあるので、そこはしっかりチェックしましょう。

　また、講師が時事ニュースや単元に絡めて様々な雑談をしてくれます。これがお子さんの視野を広げ、のちのち役に立つはです。雑談内容もメモさせて、どんな話をしてもらったのか、お子さんに聞いてみてください。

④ 学習の進め方

1日目

▷ 本科教室「本文」（または栄冠への道「思い起こし②」）

　まずは、単元の説明ページをひと通り復習しましょう。**本科教室**「本文」は網羅的に単元の説明がなされているので、じっくり読みましょう。テキストの書き込みなども確認して授業風景を思い出しながら復習すると、より効果的です。

　ただ、この**本科教室**「本文」はかなりボリュームがあります。文章を読んで学習するのが苦手な場合は、授業の要点がまとめられている**栄冠への道**「思い起こし②」を確認してもいいでしょう。黙読だと効果が薄い場合は、音読がオススメです。

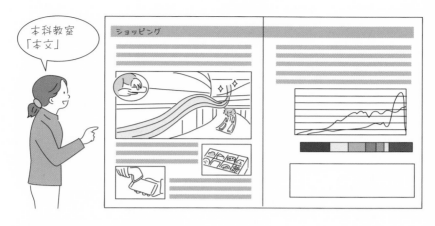

▶ 栄冠への道「学び直し①」 1

　穴埋め形式の基本事項を確認する問題です。**社会の用語は漢字指定で出題されることも多いので、漢字も含めて確実に暗記しましょう。**

　ここで重要なのが、空欄に入る用語を単純に覚えるだけにしないこと。空欄補充問題は、「その空欄に当てはまる言葉は○○」というような形式的な学習になりがちです。それを防ぐためにも、問題文を音読して、空欄に来たら答えを書くようにしましょう。

　また、直しの際、わからなかった問題の答えを赤ペンでただ写すだけではあまり意味がありません。**本科教室**「本文」で答えを探すようにすると、記憶に定着しやすくなりますよ。

2日目

▶ 栄冠への道「学び直し①」 2

　1日目で間違えた用語について、もう一度確認してください。

すぐに忘れてしまうお子さんや、余裕があるお子さんは、できた問題も含めて、すべて解き直すのがオススメです。

その時、やはり音読しながら答えを埋めていくとよいですね。文章の中で用語を覚えるようにすると、様々な問題に対応しやすくなります。

▷栄冠への道「学び直し③」

標準的な演習問題が出題されているのが、**栄冠への道「学び直し③」**です。偏差値 50 以上のお子さんはできるところまで、偏差値 55 以上のお子さんは最後まで取り組みましょう。間違い直しをする際は、**本科教室**や**地理・日本史資料集**で詳細を確認すると、より効果的です。

また、**正しいものを選ぶ選択肢問題の場合、正解以外の選択肢がどのように間違っているのか、正しく直すとどうなるのか、ということまで考えて復習できると最高です。**

4は「鉄鉱石や石炭を他国に輸出している」とあるけど、日本は輸出してないから違う…

3日目

▷栄冠への道「学び直し①」③

栄冠への道「学び直し①」はとにかく大切な知識なので、また見直してください。育成テスト直前に、テスト形式で確認するのがいいでしょう。

4年生
1週間のスケジュールサンプル

	6月10日 月曜日	6月11日 火曜日	6月12日 水曜日	6月13日 木曜日	6月14日 金曜日	6月15日 土曜日	6月16日 日曜日
07:30	算計算と漢字	算計算と漢字	算計算と漢字	算計算と漢字	算計算と漢字	算計算と漢字	算計算と漢字
08:00							
08:30							
09:00						育成テスト（隔週）	
09:30							
10:00							
10:30							
11:00			学校				
11:30	学校	学校		学校	学校		
12:00							
12:30							
13:00							
13:30							育成テスト直し
14:00							
14:30							
15:00							
15:30							
16:00							
16:30		算栄冠への道「思い起こし」					
17:00		国栄冠への道「学び直し①」1	算栄冠への道「学び直し①」2	算栄冠への道「学び直し③」2		社本科教室「本文」	社栄冠への道「学び直し①」2
17:30			算栄冠への道「学び直し③」1			算栄冠への道「学び直し①」1	社栄冠への道「学び直し③」
18:00	算数 国語	国栄冠への道「思い起こし」			算数 社会（隔週で理科と交互）		
18:30		国栄冠への道「学び直し①」	国栄冠への道「学び直し③」	理栄冠への道「学び直し③」2			
19:00							
19:30							
20:00		国計算と漢字「読み」	国計算と漢字「書き」	国計算と漢字「読み」「書き」			
完了チェック							

■は塾の時間です　▨は先週分の宿題です

159

5年生
1週間のスケジュールサンプル

	6月10日 月曜日	6月11日 火曜日	6月12日 水曜日	6月13日 木曜日	6月14日 金曜日	6月15日 土曜日	6月16日 日曜日
07:30	計算と漢字	計算と漢字	計算と漢字	計算と漢字	計算と漢字	計算と漢字	計算と漢字
08:00						栄冠への道「学び直し③」[2]	
08:30							
09:00						育成テスト（隔週）	
09:30							
10:00			学校				
10:30							
11:00							
11:30	学校	学校		学校	学校		
12:00							
12:30							
13:00							
13:30							育成テスト直し
14:00							
14:30							
15:00							
15:30		栄冠への道「思い起こし」					
16:00							
16:30				栄冠への道「学び直し①」[2]		栄冠への道「思い起こし」	
17:00		栄冠への道「学び直し①」[1]		栄冠への道「学び直し③」[1]		栄冠への道「学び直し①」	栄冠への道「学び直し③」
17:30							
18:00	算数	栄冠への道「学び直し③」[2]	理科・社会	栄冠への道「思い起こし」	国語	計算と漢字「読み」	計算と漢字「書き」
18:30		栄冠への道「学び直し①」[2]		栄冠への道「学び直し①」[1]「学び直し②」			
19:00		栄冠への道「学び直し②」		栄冠への道「思い起こし②」		栄冠への道「学び直し①」[2]	栄冠への道「学び直し①」[2]
19:30		計算と漢字「読み」「書き」		栄冠への道「学び直し①」[1]		栄冠への道「学び直し③」	栄冠への道「学び直し③」[1]
20:00							
完了チェック							

■は塾の時間です　　■は先週分の宿題です

小学校6年生の国語

1 ポイント

　日能研6年生の国語は、4・5年生と教材の構成がほとんど変わりません。そういう意味では、最終学年だからといって、そこまで苦労することはないと思います。

　国語が苦手なお子さんは、基本的な読解力を身につけるために、家庭学習用教材の**栄冠への道**をしっかりこなし、復習しましょう。

　トップ校を目指すお子さんは、**栄冠への道**に出てくる問題では文章が短く、難易度が物足りないと感じると思います。その場合は、入試レベルの問題を扱う「日特」の受講を強くオススメします。

　6年生の後半に入って過去問演習を始めると、記述の採点などをそれなりにチェックしてもらえる校舎もあります。積極的に講師に頼りながら、受験まで歩みを進めましょう。

　さらに、毎週行われる**育成テスト**は受けっぱなしにせず、しっかり直しをしてください。それによって毎週成長することで、点数アップがかなり見込めるはずです。

　また、解き直し方法は重要なポイントです。理由もよくわからず、とりあえず解答を写すだけではなく、なぜその答えになるのかを考えることが大切です。

2 主な教材

本科教室	その週で学習する読解テクニックの導入や文章題、知識問題が掲載されている、授業用のテキスト。
合格完成教室	後期の授業用のテキスト。入試問題を含んだ問題演習中心の構成になっている。
栄冠への道	家庭学習用の演習形式のテキスト。宿題の大半は、この教材から出される。
計算と漢字	計算と漢字に関しての学習がまとめられている。毎日、朝や寝る前などの決まった時間に取り組むと効果的。

3 授業

　国語は70分授業が週2コマ行われます。上位クラスだったり、単科講座を取ったりすると3コマになります。

　平常授業は、基本的な読解技術を習得するための内容です。毎週、物語文や論説文のテーマが決まっていて、その技術を習得するための授業や教材の構成になっています。例えば、物語文を題材として主人公の心情を読み取る回や、暗示や象徴について読み取る回などがあります。

　毎週の読解問題に漫然と取り組まず、その週で学ぶべきテーマについて意識しながら授業を受けましょう。

今週のテーマは物語の主人公の心情を読み取ることだな

4 学習の進め方

1日目

▷栄冠への道「思い起こし」 前期のみ

前期の**栄冠への道**は、「思い起こし」と「学び直し」に分かれています。「思い起こし」は「①授業での自分を思い出してみよう」「②授業での自分を思い出すときの手がかりにしてみよう」という構成になっています。

①は「仲間との学びの中で印象に残っていることや場面・ことばは？」という質問があり、授業の振り返り日記のようなページです。すべて

思い起こし①授業での自分を思い出してみよう

仲間との学びの中で印象に残っていることや場面・ことばは？

そのときどんな気持ちになった？　どんなことを考えた？

そんな気持ちになったのはなぜ？　そう考えたのはなぜ？

の質問が記述形式ですが、真面目に埋めるお子さんは正直ほとんどいませんし、そこまでする必要はないでしょう。親御さんとの口頭のやりとりだけで済ませるか、1、2行程度の振り返りを書くぐらいで十分です。

②は、授業の要点について確認するようなページです。その週の単元の重要な論点について確認できるので、しっかり読んでチェックしましょう。

▶栄冠への道「学び直し①」 前期のみ

　栄冠への道「学び直し」は、家庭学習のメインの部分です。学び直しは①～③まであります。①は「授業での自分を思い出しながら取り組んでみよう」、②は「研究してみよう」、③は「演習」という副題がついています。優先順位としては、①→③→②という順番で考えてください。

　①は、その週の基本的な内容について演習形式で学んでいきます。知識問題も読解問題もあり、すべての生徒に取り組んでほしい部分です。国語が苦手なお子さんも、最低限①は取り組んでほしいですが、苦労することもあるでしょう。

　その場合は、まずしっかり文章を音読し、それを保護者の方が横につきながら聞いて、切り方やイントネーションのおかしな部分を直してあげてください。また、わからない言葉があったら、しっかり調べて使い方まで含めて理解することをクセづけましょう。丁寧に音読ができたら、問題を解き進めてください。

　間違い直しは、しっかり解説を読み、考え方や解き方を吸収しながら行ってください。国語が苦手なお子さんにとっては、直しも難しいので、親御さんが解説を読みながら、説明してあげるといいでしょう。

　ところで、育成テストは全クラス同じ共通問題（100点分）と、クラスごとに問題が異なる応用問題と基礎問題（50点分）で

育成テスト中

あ、この問題
「学び直し①」と
同じだ！

構成されています（合計150点満点）。そのうちの共通問題は
テキストと同じジャンルの文章が出題され、基礎問題は**栄冠へ
の道**「学び直し①」大問2の文章が出題されます。

つまり、<mark>授業や宿題で取り組んだ文章を自宅でしっかり復習</mark>
<mark>することができれば、十分に育成テスト対策になるのです。</mark>

▷ 栄冠への道「基本演習」 ～後期のみ～

6年生の9月以降は、**栄冠への道**の構成が「基本演習」と「問
題研究」に変わります。どちらも演習形式の問題です。「基本
演習」の中には読解問題と語句問題があります。「問題研究」
は読解問題のみですが、「基本演習」よりも難易度高めです。

まずは、「基本演習」から進めましょう。国語に自信がある
お子さんやトップ校を目指すお子さんは、「基本演習」の語句
問題のみ取り組み、「問題研究」に取り組んでください。

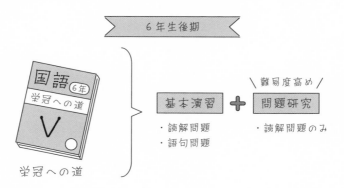

▷ 計算と漢字「読み」

4・5年生と同じく、漢字の上段の「読み」に取り組みまし
ょう。わからない言葉の意味調べは、非常に重要です。6年生
になり、「入試に向けた実戦的な読解力を早く身につけないと

…」と焦る気持ちはよくわかりますが、結局は語彙力がものを言う部分も多分にあります。バカにすることなく、わからない言葉は意味を調べましょう。

2日目

▷栄冠への道「学び直し③」 前期のみ

栄冠への道「学び直し③」は、読解問題が1題あるだけです。字数制限が多めの記述問題もあるので、難関校を受験するお子さんは取り組みましょう。ただ、文章が特別に難しいわけではないので、余裕があれば国語が苦手なお子さんもやってみてください。

どうしても解けない場合はしっかり音読し、言葉の意味を正確にとらえながら情景をイメージしましょう。ただ、そのイメージするということが、なかなかできません。国語の読解には背景知識が必要です。例えば、「恋愛」は中学受験で頻出のテーマですが、恋心をまったく理解していないお子さんも多くいます。

恋愛…

後でママに聞いてみよう

「恋愛」のように照れくさくてご家庭で話題にしづらいテーマもあるかもしれません。しかし、国語の問題文として出てきたという理由なら、話をしやすいはずです。ぜひ、親御さんも一緒に背景知識を身につけるための会話を意識してくださいね。

▶栄冠への道「問題研究」 後期のみ

　先ほども記したように、後期の**栄冠への道**は前期と異なるテキスト構成になっています。「問題研究」はかなり実戦的な演習問題なので、抜き出し問題、接続語の穴埋め問題、選択肢問題、記述問題など、それぞれの問題の解き方について解説を参考にしっかり習得していきましょう。

　どの教科も一緒ですが、国語は特に直しが重要です。自分で解説を読んで学習するのが苦手な場合は、直しの時だけでも親御さんが一緒に解説を読み、説明してあげるといいでしょう。

▶計算と漢字「書き」

　計算と漢字の下段の「書き」に取り組みます。採点は、基本的に親御さんがしましょう。間違ったまま覚えてしまうことも

危険の「危」は
「危険」じゃなくて…

ありますし、トメ・ハネ・ハライなどの細かい部分にまで気が回らない可能性が高いからです。入試の漢字問題は厳しめに採点されるので、漢字の書き取りは、特に丁寧な字を心がけるように意識づけしてください。

　漢字を間違えた場合は３回ほど練習しましょう。また、問題の中にわからない言葉があったら、語彙力を増やすチャンスと考えて、意味を調べてください。

３日目

▷栄冠への道「学び直し②」 前期のみ

　「学び直し②」は、その週の大事な論点について研究するようなページです。文章を読み、じっくり考えてみましょう。

　しかし、これを読んで理解して、読解に生かすことができるお子さんはかなりの少数派です。優先順位は低くなりますが、取り組む場合は、親御さんも一緒に読みながら議論する形で進めるのがオススメです。

▷計算と漢字

　日曜日に行われる育成テスト前に復習しておいてください。「読み」「書き」について、すべての問題をテスト形式で解き直します。間違えた問題は、やはり３回ほど練習して覚えましょう。

日能研

小学校6年生の算数

1 ポイント

　日能研は、5年生までは比較的進度がゆっくりですが、6年生になると一気に負担が増えます。算数では、それがより顕著（けんちょ）になります。問題の難易度が上がるだけではなく、宿題の量もかなり増えます。そのため、お子様の状況に合わせて、家庭での学習量の調整も必要になるでしょう。

　また、178ページでも詳しく触れますが、夏期講習で配られるテキストの中に**共通問題428**という部分があります。これを完璧にすることが、多くの受験生にとっての至上命題と言っても過言ではありません。これさえ完璧にこなせば、日能研の偏差値60以下の学校なら十分と言えます。算数が苦手で不安な方も、「とにかく**共通問題428**さえ完璧にすれば何とかなる！」と言われたら、少しは安心できるでしょう。もちろん、そんなに簡単ではありませんが、日能研生はこれを完璧にこなせるよう、ぜひがんばってください。

2 主な教材

本科教室	その週の単元の、基本的な解き方や考え方などが記載されている、授業用のテキスト。

合格完成教室	後期の授業用のテキスト。入試問題を含んだ問題演習中心の構成になっている。
栄冠への道	家庭学習用の演習形式のテキスト。
教科ツール	演習形式の問題集。栄冠への道に次ぐ副教材。
計算と漢字	計算と漢字に関しての学習がまとめられている。
共通問題428	夏期講習テキスト内にある入試問題を解くのに必要な典型問題がまとめられたページ。

3 授業

　算数は70分授業が週3コマ行われます。クラスによって、週2日に分かれていたり、1日に集中していたりします。通常授業の進め方自体は、4・5年生の時とあまり変わりませんが、やはり受験学年なので入試に向けた演習が多くなってきます。6年生の前半までは新出単元を扱いますが、後期になると演習メインになります。

　その際、4・5年生の間に鍛えてきた"授業での吸収力"が響いてきます。6年生になると、各科目で1週間にやらなくてはいけない量が増えます。授業中にできる限り吸収して、家庭学習の負担を減らすことが、結果的に学力向上に繋がるのです。

　具体的には、授業で「解きなさい」と指示された問題を自分なりにしっかり考え、先生が解説で書いた図などをしっかりノートに写し、家に帰ってもそれが再現できるようにしましょう。

やっぱりわからない！

とはいえ、それが難しいから、多くの方はお困りなんですよね…。その場合はもちろん家庭学習でがんばらなくてはいけませんが、授業で吸収できない分をすべてカバーしようとすると、パンクしてしまうことがほとんどです。そのため、**宿題の問題全部ではなく、お子さんの能力に合わせて、定着させられそうな問題を完璧にできるようにしましょう。**

実際に解いてみて、手も足も出なかった問題や、解説を理解できない問題は、"がんばっても解けない問題"と割り切って、それ以降その問題を解き直す必要はありません。

また、算数が苦手な場合、個別指導塾や家庭教師にお願いして復習を手厚くすると一定の効果があるので、第三者にまかせるという選択肢も考えてみてください。

割り切って
他の問題に時間を
使おう！

4 ▶ 学習の進め方

1日目

▷ 栄冠への道「思い起こし」 前期のみ

「思い起こし①」は授業の感想を記すスペースですが、必ず書かなければならないわけでもないと思います。替わりに、「今日の授業どうだった？」と口頭で確認してもいいでしょう。

「思い起こし②」はその単元の大事な考え方や解き方などが説明されているので、ぜひ一読してください。

▷栄冠への道「学び直し①」 1 前期のみ

「学び直し①」は、基本的な問題が中心になっており、ここだけはしっかり解けるようにしておきたいです。解いたら直しを行い、解説を読み、理解できたら何も見ずに解き直しましょう。ここまでを1日目に取り組むのです。確実にマスターしたい問題なので、理解の浅いままにしないように。

6年生の前期は、算数の基礎力を身につけることが最重要課題です。受験学年なので、入試に向けた実戦力を身につけなくてはいけないと焦る方も多いと思いますが、まだまだ基礎固めに注力すべきです。そして、口酸っぱく言うようですが、そのためには「学び直し①」のレベルを完全マスターすることです。

まだまだ
基礎固めの
時期だよ

あー、
過去問
やんないと！

できない問題は何回も繰り返しましょう。基礎を徹底的に押さえることができれば、算数が苦手なお子さんも必ず活路を見出せるはずです。

▷栄冠への道「基本演習」 後期のみ

栄冠への道は、後期になると「基本演習」と「問題研究」という構成に変わります。どちらも、見開きページの問題となっ

ています。

　日能研（算数）の偏差値50以下のお子さんは、まずは「基本演習」を解けるように取り組んでください。偏差値60以上のお子さんは、「基本演習」から「問題研究」まで一気に取り組んでしまってもいいでしょう。

　算数が苦手なお子さんは、入試が近づいてきて焦る気持ちもあるかもしれませんが、大事なことは変わりません。「基礎を徹底的に」です。

　入試は、習ったことのない応用力が必要な問題が出ることもあります。「その対策はどうすればいいの？」と思われるかもしれませんが、学校特有の問題は過去問対策をしていくうちに、傾向に慣れて解けるようになっていきます。だから、通常授業の宿題では、基本を完璧にしていくことを目的に学習していきましょう。

2日目

▶栄冠への道「学び直し①」2「学び直し③」1 ◀前期のみ

　何度も強調しますが、「学び直し①」は確実にできるようにしておきたい問題なので、2日目も取り組みましょう。

　まずは、間違えた問題を何も見ずに解き直しを行ってください。「1日目でできるようになっていれば解けるはず！」と思いたいところですが、人間の記憶力というのは当てにならないものです。ミスしても落ち込まずに、もう一度やり直してください。

　ちなみに、1日目で単純な計算ミスをした問題に関しては、

解き直さなくても大丈夫です。ただ、それをお子さんに言うと、明らかな考え違いでも「計算ミスだ」と拡大解釈してしまうことがあります。ですので、お子さんの判断が怪しいようなら、親御さんがどの問題を解き直すのか指定しましょう。

「学び直し③」は、「学び直し①」よりも難易度が上です。偏差値55以上のお子さんは確実に取り組んでください。逆に、それ以下のお子さんは無理して取り組む必要はありません。解いてみて、解説を読んでも理解できない問題はあきらめてもいいでしょう。

「学び直し③」に取り組む前提条件が、「学び直し①」を完全に理解できていることです。クドイようですが、算数は「基礎を徹底的に」です。「学び直し①」ができるようになっていないのに、宿題に出たからといって、無理する必要はありません。階段を一歩一歩登ることを意識してください。

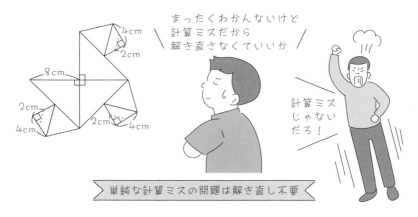

単純な計算ミスの問題は解き直し不要

▶栄冠への道「基本演習」「問題研究」 後期のみ

栄冠への道「基本演習」は確実に解けるようにしておきたい問題です。1日目で間違えた問題について、もう一度、何も見

ずに解き直しを行いましょう。

　ただ、この2回目をなかなか取り組まない子が多いのです。後期に始まる過去問演習で毎回点数が出るのが楽しくなってしまって、解き直しより新しい年度の過去問を解くことに注力しがちなケースがあります。

　しかし、成績は「できない問題をできるようにする」ということでのみ上がります。そのためには、この2回目を解くことが非常に重要なのです。

　勉強時間は多いのに、なかなか成績が上がらない理由は大きく2つあります。基本を徹底的に繰り返すことができていないことと、1回間違えた問題を反省して次に解けるようにしていないということ。そこは、ぜひ意識して取り組んでください。

　ちなみに、「問題研究」は日能研偏差値50以下のお子さんにとっては、優先順位は高くありません。それよりも、「基本演習」をしっかりできるようにしましょう。偏差値50以上のお子さんは、難しい問題もあるかもしれませんが、取り組んでください。

▶栄冠への道「学び直し②」「学び直し③」 2 前期のみ

　2日目で間違えた「学び直し③」の問題を解き直しましょう。算数の偏差値55以上のお子さんは、「学び直し③」まで完璧にできるようにしたいところです。

　その際、**大事にしてほしいのは、「この問題に初見で出会ったとしたら、どのように解くのか」という視点です。**算数の問題を反復していると、ともすると解き方を暗記する形で進めてしまうことがあります。

　しかし、それでは難関校の問題に太刀打ちできません。初見の難問をどのように解いていくか、という思考プロセスが重要だからです。「学び直し③」を完璧にすることを目指すなら、「解ければいい」という考えを捨ててください。

解き方
覚えてるから
簡単～♪

初めて解く
つもりで
やらないと！

　また、「学び直し②」は、「研究してみよう」という副題の通り、研究課題です。優先順位は低いので、余裕があったら取り組む程度で大丈夫です。

▶栄冠への道「問題研究」 後期のみ

　栄冠への道「問題研究」は、応用問題というよりは算数の入試に出てくる典型問題というイメージです。

ですので、２日目で「問題研究」に取り組んだお子さんは、間違えた問題の解き直しを行い、完璧にしておきましょう。

▷ 算数強化ツール 1

　栄冠への道とは別に、家庭学習用の教材として使用します。「基礎」「共通」「応用」と難易度が分かれており、クラスごとに宿題範囲の指示があると思います。だいたい、偏差値40台が「基礎」、偏差値50台が「共通」、それ以上が「応用」というイメージです。

　宿題の優先順位としては、**栄冠への道**「学び直し」の方が上ですが、定着を図るためにぜひ取り組んでください。

　算数強化ツールは、配布された前期に取り組むのが基本ですが、後期に弱点克服のための教材としても利用可能です。解説も問題冊子と同等の分厚さがあり、充実しています。

　取り組んだ問題の丸付け、何も見ずに直しをする点はいつも通りですが、あまり詳しく解説されていないので、直しの際に困ることも考えられます。そういう時は、**栄冠への道**の類題の解法を参考にしたり、先生に質問したりするなどしましょう

4日目

▷ 算数強化ツール 2

　算数強化ツールを３日目に取り組んだ場合は、２回目を解きましょう。１回目で間違えた問題のみで構わないので、何も見ずに自力で解き、しっかり定着させてください。

毎日

▷計算と漢字

　計算と**漢字**の学習につい
て、まとめられている教材で
す。テキストを左ページから
開くと、1週間分としてA～
Eの5種類の計算問題が掲載
されている構成になっていま
す。取り組み方は自由ですが、
一番ポピュラーなのはA～E
の好きな問題を1日1つ取り
組むことだと思います。

　6年生になってからも、毎日のように計算に取り組むのはや
はり大切なことです。計算力は一朝一夕には身につかないので、
悩み出してから一生懸命やっても間に合わないことがあるからで
す。計算に限りませんが、毎日のルーティンを確定させることが
基礎力を養うので、スケジュールに組み込んで習慣化しましょう。

　ちなみに、こういったルーティンの学習は朝行うものという
考えもありますが、朝学習が苦手な場合は無理する必要はあり
ません。

▷共通問題428　後期のみ

　夏休みに配られる**共通問題428**は、入試を解くために必要
な典型問題をまとめた教材です。難易度レベルA～E（日能研
関東では低・中・高の3段階）に分けられた問題が、全単元通

して 428 問掲載されています。

　169ページで、「これさえ完璧にこなせば、日能研の偏差値 60 以下の学校なら十分と言えます」とお伝えしたのは嘘ではありません。**とにもかくにも、共通問題 428 を完璧にして入試に臨みたいところです。** 日能研の偏差値 50 以下のお子さんは A 〜 B（低）、50 〜 55 のお子さんは A 〜 C（低・中）、55 以上のお子さんは B 〜 E（低・中・高）について完璧にしましょう。

　具体的な方法は、単純に何周もすること。一周目で間違えた問題を二周目に解き直し、そこで間違えた問題を三周目に解き直す。これを自力で解けるようになるまで繰り返します。夏休み中に終えられたらベストですが、現実的には難しいお子さんも多くいます。9、10 月あたりで終えられるといいでしょう。

　特に算数が苦手なお子さんは必ず取り組んでください。世の中に数多くの教材がありますが、算数はとにかく**共通問題 428** を完璧にしておけば大丈夫です。1 日 5 問、10 問などと決めて、習慣化して取り組んでください。やり終えたら、見える世界がかなり変わるはずです。

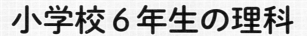

小学校6年生の理科

1 ポイント

　6年生になると、やはり受験に向けての知識を網羅的にまとめていかなくてはいけません。そのために役立つのが夏休み中に配られる**メモリーチェック**です。受験に必須の基本知識がまとめられ、入試当日まで使う"相棒"のような教材です。通常授業をしっかりこなしながら、夏休み以降はこれで基本知識を固めていくのが、日能研生の定石です。

　理科は、ほぼすべてのお子さんに苦手な単元があります。当然、本番までに苦手単元を克服しなくてはなりません。そのため、**まず夏休みまでの前期は、毎週の授業で苦手な単元が出てきた時にしっかり潰す意識を持ってください。**その週は他の科目より理科を優先することになっても、前期のうちに苦手単元をなくしておくと、かなりラクになります。

　その後、夏休みに入ったら**メモリーチェック**で基礎を固め、演習中心になる教材や過去問演習を通して、入試に向けた実戦力を養っていきましょう。近年の入試は、テキストに載っている知識や典型問題がわかれば解けるわけではなく、自分の知識をあわせて考えるような思考問題も増えています。それらにも対応できるよう、後期は志望校に合わせた対策をしていきましょう。

2 主な教材

本科教室	その週の単元が解説されている、授業用のテキスト。
合格完成教室	後期の授業用のテキスト。入試問題を含んだ問題演習中心の構成になっている。
栄冠への道	家庭学習用の演習形式のテキスト。基本的に宿題はこのテキストから出される。
理科実験資料集	写真資料集。授業中や家庭学習中に参考にする補助教材。
メモリーチェック（後期のみ）	入試まで使用する、必須の基本事項がまとめられたテキスト。

3 授業

　理科は70分授業が週2コマ行われます。授業の進め方は4、5年と大きくは変わらず、講義形式になります。「しっかり授業を聞こう」「手を挙げて発言しよう」「先生の雑談はメモしよう」などのアドバイスは、他の科目同様に当然しておきたいところですが、意外と重要なのがノートを取るということ。

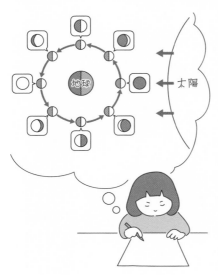

　理科は、各単元に重要な図や解き方があります。例えば、「月の満ち欠け」の単元は定番の図があり、「てこ」の問題は決まった解き方があります。そういったものは、手で書かないと身につきません。ノートを取ることは非常に重要なので、意識してください。

4 ▶ 学習の進め方

1日目

▶ 栄冠への道「思い起こし」 前期のみ

　他の科目と同様、授業内容を思い出すものですが、優先順位は高くないので、あまり時間をかけて取り組まなくても大丈夫です。

　①は口頭での確認でも問題ありません。帰って食事をしている時に、「今日は授業でどんなことを習ってきたの？」と聞いてみて、そこで出てきた話題から、会話を広げるのもいいでしょう。

　例えば、「呼吸」の単元では呼気には二酸化炭素が多く含まれることを習います。そんな報告を受けた時に、「じゃあ、息を水に吹きかけたら炭酸水になるのかな？」と会話を広げることもできます。理科は日常の景色と結びつけて理解することが重要なので、ぜひご家庭で実践してみましょう。

　②は各単元の授業の要点がまとめられたページです。その週に理解しなくてはいけないポイントがわかります。もし理解できていなかったり、覚えていなかったりすれば、**本科教室**で復習してください。

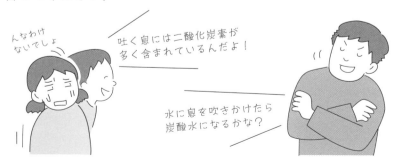

んなわけ
ないでしょ

吐く息には二酸化炭素が
多く含まれているんだよ！

水に息を吹きかけたら
炭酸水になるかな？

▶ 栄冠への道「学び直し①」1「学び直し②」 前期のみ

　栄冠への道「学び直し」は、家庭学習のメインの部分になります。「学び直し①〜③」の構成になっています。

　1日目としては、「学び直し①②」まで取り組めば十分。「学び直し①」では、その週の単元の基本的な知識を確認するための問題が出題されています。基本の解き方や考え方を毎回確実にマスターしましょう。知らなかった、わからなかった問題は**本科教室**で確認してください。

「学び直し②」は重点的に取り組むように指示されないかもしれませんが、難関校を目指す生徒は解いてください。理科の入試は単純な計算問題や知識を問う問題だけではなく、文章や現象、図などから考えさせる問題が出題されます。「学び直し②」は、その週の単元について頭を使って考える問題になっているので、ぜひ取り組みましょう。

メダカは
どっち向きに
泳ぐのか?

▶ 栄冠への道「基本演習」「問題研究」1 後期のみ

　栄冠への道は、後期になると「基本演習」と「問題研究」という構成に変わります。どちらも演習問題ですが、「基本演習」よりも「問題研究」の方が難易度は高くなっています。

そのため、まずは幅広い単元の基本問題が掲載されている「基本演習」に取り組みましょう。その中で、苦手だと判断した単元は、**メモリーチェック**や５・６年生前期の教材から該当する部分を使って対策してください。６年生後期に見つかった苦手単元は、なんとしても克服できるようにしてくださいね。

　そして、理科が得意なお子さんは、「基本演習」の後の「問題研究」まで一気に解いてください。そこまで難しくないので、理科の偏差値55以上の場合は、ぜひ取り組みましょう。

2 日目

▶栄冠への道「学び直し①」 2 「学び直し③」 1 ◀ 前期のみ

　「学び直し①」はその週で絶対に身につけたい知識です。１日目で間違えた問題について、再度解き直しを行います。「植物」「水溶液の種類」「動物の分類」などの暗記中心の回は、口頭での確認でも構いません。親御さんとクイズ形式で確認することで、理科嫌いなお子さんもなんとか取り組むことができるでしょう。

ハイ問題です！！

背骨がある動物は何と言う？！

セキツイ動物！！

　「学び直し③」は標準的な問題です。理科の偏差値50以上のお子さんは、できるところまでは取り組んでください。もちろん、間違えたら解き直しまでがセットです。

理科が苦手なお子さんは、とにかく「学び直し①」を完璧にしてください。「基礎を徹底的に！」が苦手克服の近道です。

▷栄冠への道「基本演習」「問題研究」2 後期のみ

　「基本演習」は確実にものにしたいので、2日目もしっかり取り組みましょう。「問題研究」は比較的難易度が高いとはいえ、そこまでではありません。日能研（理科）の偏差値55を超えるお子さんは確実に取り組んでください。

3日目

▷栄冠への道「学び直し③」2 前期のみ

　2日目に栄冠への道「学び直し③」に取り組んだら、間違えた問題の解き直しを行いましょう。その際も、大事なことは習ったやり方で解けているどうか、解き方を根本理解し、1問1問納得して取り組むことが重要です。

　「学び直し③」まで取り組んでいても、納得できていないけど、

なんとなく進めている子は多いです。特に「滑車」「浮力」「電流」「磁石」などの物理系の単元は、基本を完全には理解できていない可能性も高いです。

間違えた問題の解説を読んでもわからなかったら、先生に聞くなどして、しっかり納得して解決できるように進めてください。

▶栄冠への道「問題研究」3〈 後期のみ

2日目に**栄冠への道**「問題研究」に取り組んだお子さんは、間違えた問題の解き直しを行いましょう。入試を見据えた実戦的な問題ですが、あくまでも典型問題なので、偏差値55以上のお子さんはすべて解けるようにしたいですね。

わからない問題は解説や**本科教室**で確認してください。この時期は、苦手が出てきたらすぐに克服することが重要なので、ミスした問題を取りこぼさないようにしましょう。

毎日

▶メモリーチェック

180ページでも書きましたが、**メモリーチェック**は入試当日まで連れ添う相棒のようなもの。夏休みのはじめに配布され、そこから各自で進めるように指示が出ます。

夏休み中に一周、9〜10月で二周目、11〜12月で三周目、1月で四周目ぐらいのペースが理想的（もっと多くても構いません）。全62項目（2023年度版）あるので、夏休み中は1日2項目ずつ、夏休み後は1日1項目ずつこなせば可能でしょう。

理科は、計算分野と暗記分野が半分ずつある科目ですが、**メモリーチェック**は基本知識の暗記対策に使えます。最低限覚えなくてはいけない知識が出題されているので、必ず身につけてください。

　毎日の習慣に取り入れて、着実に取り組むようにしましょう。**前日に間違えた問題を翌日に復習してから、その日の項目の学**習ができるといいですね。

小学校6年生の社会

1 ポイント

　日能研6年の社会の特徴は公民分野の取り扱いにあります。中学受験の社会の範囲は、「地理」「歴史」「公民」の3分野あります。公民に関しては、ほとんどの塾が6年生に入ってから扱い始め、3か月ほどかけて学んでいきます。

　しかし、日能研では1か月ほどしか扱いません。そのため、夏休み以降にしっかりと公民対策が必要です。

　ただし、公民に時間をかけないということは、代わりに地理・歴史に時間を割いていると言えます。社会のメインは地理・歴史なので、メリットととらえることもできます。

2 主な教材

本科教室	その週の単元が解説されている、授業用のテキスト。
合格完成教室	後期の授業用のテキスト。入試問題を含んだ問題演習中心の構成になっている。
栄冠への道	家庭学習用の演習形式のテキスト。
地図シート	簡単な日本の地形や都道府県が見られる地図。
白地図作業ノート	地図を見ながら、地名などを書き込むことができるノート。5年2月以降の地理分野での家庭学習で使用。
地理資料集	5年2月以降の授業や家庭学習で使用する地理分野の資料集。

日本国憲法	公民の学習において利用する資料集。
日本史資料集	5年9月以降の歴史分野の授業や家庭学習で使用する歴史分野の資料集。
メモリーチェック（後期のみ）	全日能研生が隅から隅まで完璧にすることを目指す、必須の基本事項がまとめられたテキスト。

3 授業

　社会は70分授業が週2コマ行われます。4・5年生と同様に、担当講師の裁量が大きい講義形式の授業です。社会の先生はベテランの方が多く、授業中には豊富な知識を生かしたフリートークが多く聞けます。これが、思いのほか重要です。

　社会の入試では、「いかに物事を知っているか」を問われるような問題も多く出ます。そういった常識力は、授業中のフリートークから大いに得ることができるので、しっかり聞き漏らさないようメモしながら受けてください。

　社会のカリキュラムは夏休みまでに一周するので、7月頃からは演習形式の授業になります。それまでの知識をインプットする内容から、アウトプットするための内容に変わります。選択肢問題の選び方など、様々なテクニックを吸収していきましょう。

\ へー！ /

織田信長には、弥助という黒人の家来もいたんだ

4 学習の進め方

1日目

▷本科教室「本文」（または栄冠への道「思い起こし②」） 前期のみ

　まずは、**本科教室**「本文」の単元の説明ページをひと通り読みましょう。「本文」への書き込みも確認して授業中の様子を思い出しながら復習すると、より効果的です。

　近年、社会の入試は国語のような長い文章を読み、その内容をもとに答えさせる問題や、資料を読み取って考える問題が増え、断片的な知識の暗記では対応できなくなってきています。

　そういった問題に対応するためには、「本文」を細かいレベルで読む込むことが重要です。コラムのような部分も読み、気になることがあったら資料集などを使って深い学習をしましょう。

　「本文」をしっかり読んだ後は、授業の要点がまとめられている**栄冠への道**「思い起こし②」の内容を確認すると、知識を整理できますよ。

断片的な知識の
暗記じゃ対応
できない……

▷栄冠への道「学び直し①」 1 前期のみ

　栄冠への道「学び直し①」は、穴埋め形式の基本事項を確認する問題です。このページの用語は、漢字も含めて確実に暗記

しましょう。

　穴埋め形式の問題は、「その空欄に何が入るか」を答えるだけの学習になりがちです。実際は、空欄周辺の文章も含めて理解しながら暗記することが重要です。そのためには、**全体の文章を読んで、空欄になったら答えを書くという流れで学習する**といいでしょう。

▷栄冠への道・冒頭の見開きページ 1 後期のみ

　栄冠への道は、後期から構成が変わります。ちゃんとした名称がついていないようですが、各回冒頭の見開きページの左側は基本用語の穴埋め問題になっており、右側が基本問題になっています（他の科目では「基本演習」となっていますが、社会ではそのネーミングではないようです）。その次のページに「問題研究」があります。

　まずは、冒頭の見開きページをしっかり取り組んでください。そこまで時間はかからないと思うので、余裕があるお子さんは一気に「問題研究」まで進みましょう。

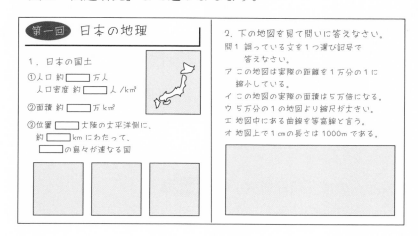

▶栄冠への道「学び直し①」②「学び直し③」 前期のみ

　まずは、１日目で間違えた「学び直し①」の問題をもう一度確認してください。口頭でもよいので、余裕がある場合はすべての問題に取り組みましょう。

　「学び直し③」は標準的なレベルの演習問題です。偏差値50以上のお子さんはできるところまで、偏差値55以上のお子さんは最後まで取り組みましょう。間違えた問題は**本科教室**や**資料集**で確認します。

　また、選択肢問題が多く出されますが、直しの際に正解の記号を書くだけというほぼ無意味なことをしているお子さんが結構います。**不正解の選択肢のどの部分がどのように違うのかを理解しないと、より良い学習につながりません。**

▶栄冠への道・冒頭の見開きページ② 後期のみ

　確実に押さえたい知識なので、１日目で間違えた問題を確認します。余裕があるなら、すべての問題を口頭確認してください。また、穴埋め部分の用語は漢字も含めてチェックしましょう。

▶栄冠への道「問題研究」 後期のみ

　基本的な演習問題なので、偏差値にかかわらず取り組んで

ださい。後期は入試に向けた演習になるので、単なる暗記問題ではなく、覚えた知識を使って解いたり、問題文の内容を読んで考えさせたりする問題が多くなります。

そういった問題は、直しの仕方が非常に重要です。具体的には、**どのようにして答えを導いたかのプロセスを確認すること**。

例えば、全国の貿易港における輸出品目のグラフをいくつか与えられて、どのグラフがどの空港のものなのか答えさせる問題が出たとします。「成田空港は集積回路や科学光学機器などが多い。名古屋港は自動車が多い」などの知識をもとに、グラフの中でそれが表われている部分に注目し、答えを導き出します。

間違い直しをする時には、このような問題を解くためのプロセスを理解してほしいのです。そのためのヒントが解説にあれば、しっかり読みましょう。丁寧な解説がなければ、資料集やテキストで調べて考えてください。そこでわからなければ、社会の先生に積極的に質問しましょう。

輸出品目	%
自動車	23.1
自動車部品	16.8
内燃機関	4.1
124,805億円	

自動車の輸出品が
上位だから名古屋港だな

3日目

▶栄冠への道「学び直し①」③ 前期のみ

とにかく大切な知識なので、3日目も見直してください。育成テスト直前に、テスト形式で確認するのがいいでしょう。

▶ メモリーチェック

　理科と同様、**メモリーチェック**は非常に重要な教材です。社会における基本知識を学習できるので、ここに載っている問題は１つ残らず答えられるようにしたいです。とにかく、何度も復習して"友達"になってください。

　これは夏休みの初めに配布され、各自で進めるように指示が出ます。**夏休み中に一周目、９〜10月に二周目、11〜12月に三周目、１月に四周目ぐらいで進められると理想的です。**全部で80項目（2023年度版）あるので、夏休み中は１日３項目ずつ、夏休み後は１日２項目ずつこなせば可能です。

　また、できる限り漢字で覚えるように、必ずノートや紙に書いて取り組みましょう。口頭確認だけで済ませて漢字から逃げてしまうと、後で大変な思いをすることになりますよ。

　日々の習慣に取り入れて着実に取り組んでいきたいですね。前日に間違えた問題を翌日に復習してから、本日分のページに取りかかりましょう。

夏休み中に一周目
９〜10月で二周目
11〜12月で三周目
１月で四周目

6年生
1週間のスケジュールサンプル

時刻	6月8日 土曜日	6月9日 日曜日	6月10日 月曜日	6月11日 火曜日	6月12日 水曜日	6月13日 木曜日	6月14日 金曜日
07:00	算 計算と漢字	算 計算と漢字	算 計算と漢字	算 計算と漢字	算 計算と漢字	算 計算と漢字	算 計算と漢字
07:30							
08:00	理 栄冠への道「学び直し①」[2]		学校	学校	学校	学校	学校
08:30	「学び直し③」[1]						
09:00							
09:30	算 算数強化ツール[2]						
10:00	国 栄冠への道「学び直し②」						
10:30	国 計算と漢字「読み」「書き」						
11:00		学校					
11:30							
12:00							
12:30	理社 栄冠への道「学び直し①」[3]	育成テスト 日特					
13:00							
13:30							
14:00							
14:30							
15:00							
15:30					理社 本科教室「本文」		
16:00	算数Ⅰ 国語		育成テスト 復習	国 栄冠への道「学び直し③」	理社 栄冠への道「学び直し①」[1]		算 算数強化ツール[1]
16:30				国 計算と漢字「書き」			
17:00							
17:30		算 栄冠への道「思い起こし」「学び直し①」[1]					理 栄冠への道「思い起こし」
18:00				社会	算 栄冠への道「学び直し③」[2]		
18:30		算 栄冠への道「学び直し①」[2]				算数Ⅱ 理科	国 栄冠への道「学び直し①」[1]「学び直し②」
19:00	日特 復習	算 栄冠への道「学び直し③」[1]					
19:30		国 栄冠への道「思い起こし」「学び直し①」		理 栄冠への道「学び直し③」[2]		理社 栄冠への道「学び直し①」[2]「学び直し③」	
20:00		国 計算と漢字「読み」					
20:30							
21:00							
21:30	理社 メモリーチェック	理社 メモリーチェック	理社 メモリーチェック	理社 メモリーチェック	理社 メモリーチェック	理社 メモリーチェック	理社 メモリーチェック
完了チェック							

■ は塾の時間です　▨ は先週分の宿題です

195

育成テスト

　日能研では、いくつか定期的にテストがあります。全塾生が受けるテストは、主に「育成テスト」と「日能研全国公開模試」（以下、公開模試）の2つです。

「公開模試」は範囲なしのテストなので、毎週のルーティーンをこなしながらだと、あまり対策ができません。日頃の地道な努力によって、少しずつ成果が出てくるものだと思ってください。

　一方の「育成テスト」は、学習内容の定着度を測るテストです。毎週のがんばりが点数に反映されます。対策としては、これまで示してきた学習の進め方に沿って学習すれば大丈夫です。

　重要なのは、「育成テスト」の直しです。できるだけ早く直しをしてください。最短で、採点結果が出る試験日の翌日に直しをすることができます。間違えた問題は、まずは自力で直しましょう。わからない問題は解説を読み、納得できたら解き直しをしてください。

　成績が悪い子ほどテスト直しを嫌がります。なぜなら、間違えた問題が多過ぎるからです。その場合は、間違えた問題をすべて直さなくても大丈夫です。ミスした問題のうち正答率の高い問題に絞って解き直しましょう。

　正答率の目安は、「100－偏差値」％以上です。あくまでも目安なので、お子さんの状況を見ながら設定してあげてください。

6年生の
過去問演習と特別講習

1 過去問演習

　過去問演習は、他塾と同様、基本的には夏休みが終わってから取り組みます。取り組む学校や年数などは、お子さんの志望校によりますし、校舎の指示でも変わってきます。

　9月に始めるのが一般的ですが、基礎が固まっていない場合は、10月スタートでも問題ありません。夏休みにやり残した苦手克服と基礎力習得を最優先で取り組みましょう。

　ちなみに、過去問の添削については校舎によって対応に差があります。基本的には、塾に依頼した分は見てくれるはずですが、すぐに戻ってこないことも少なくありません。日能研は4大塾の中ではサポートが手厚い方ですが、あくまでも集団塾なので、個別対応には限界があることをご理解ください。

　そのため、過去問の直しや分析は、ある程度ご家庭でしなくてはいけません。必ずチェックしてほしい視点は、「解ける問題を取れたのか」ということ。テストは制限時間内で最大の点数を取る競技です。そのため、時間配分を間違えたり、焦ったりして、実力通りの点数にならないことがあります。

　ご家庭で分析する際は、本来取れそうなのに解けなかった問題は、なぜ解けなかったのか、それを取れるようにするにはどのよ

うにしたらよいのか、という視点で見てください。過去問分析はなかなかハードルが高いので、不安な場合は個別指導塾や家庭教師を検討しましょう。

2 特別講習

①日能研入試問題研究特別講座（日特）

▶前期日特

　前期日特は、「アドバンス日特」「マスター日特」「マスター選抜日特」という３つのクラスに分かれます。「アドバンス日特」が一番やさしいクラスで、「マスター日特」が難関、「マスター選抜日特」が最難関というイメージです。受講目安は、「アドバンス日特」は基準なしで、「マスター日特」が前年の９〜12月の平均偏差値が58以上で、「マスター選抜日特」が65以上となっています。

　日特はほぼ毎週日曜日に開催されますが、内容としては様々な学校の入試問題に取り組みながら実戦力を養うものになっています。基本的には、全塾生が受講するものになります。

特に、難関校を目指すお子さんや、体力に自信のあるお子さんは、ぜひ受講してください。日能研は、難関校の入試を非常に細かく分析して、かなりの情報を持っています。難関校を目指す場合、そのメリットは生かしたいところです。

どうしようかな…

前期日特のお知らせ

今は基礎固めを最優先しましょう！

　ただ、忘れてはいけないのは6年生の前期はまだまだ基礎を固める時期だということ。日能研のカリキュラムからすると、新出の単元を習っているところです。毎週の通常授業の復習をしっかりしながら少しずつ苦手をなくして、基礎力を育てることが最優先です。

　復習方法としては、帰宅後に授業で取り組んだ問題の直しをするぐらいで構いません。授業中に手を動かして積極的に受けることが重要です。

▷ 後期日特

　後期日特は、「難関校日特」「上位校日特」「合格力完成日特」という3つのクラスに分かれます。「難関校日特」と「上位校日特」は学校別になっており、偏差値基準を満たしていれば志望校専門の講座を受けることができます。

　「難関校日特」（関東圏の一例）は、開成・麻布・武蔵・駒場東邦・慶應普通部・早稲田・桜蔭・女子学院・雙葉・フェリス女学院の講座があります。「上位校日特」は、海城・攻玉社・

サレジオ・芝・逗子開成・本郷・桐朋・早稲田高等学院・鷗友・学習院女子・吉祥・頌栄・洗足・横浜共立・立教女学院・渋渋・早実・中央大学附属横浜の講座があります。この学校名が講座名につくことを俗に「冠がつく」と言いますが、志望校の冠がついた講座がある場合は、受講基準を達成できるようにがんばりましょう。

「難関校日特」と「上位校日特」にない学校を志望する生徒、冠がつく講座の受講基準に満たない場合は、「合格力完成日特」を受講することになります。これは様々な学校の入試問題を解きながら演習形式の授業が行われるため、志望校に特化していません。そのため、志望校対策は自分で過去問を解くしかないのです。

　ちなみに、「合格力完成日特」を受けたけど難易度があまりにも合わない、お客さん状態になってしまったという場合は受講しない選択もアリです。その時間で志望校の過去問を解いて、個別指導塾や家庭教師に直しをお願いした方が間違いなく効率はいいでしょう（お金はかかりますが…）。

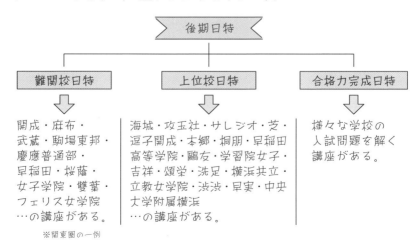

後期日特

難関校日特	上位校日特	合格力完成日特
開成・麻布・武蔵・駒場東邦・慶應普通部・早稲田・桜蔭・女子学院・雙葉・フェリス女学院…の講座がある。	海城・攻玉社・サレジオ・芝・逗子開成・本郷・桐朋・早稲田高等学院・鷗友・学習院女子・吉祥・頌学・洗足・横浜共立・立教女学院・渋渋・早実・中央大学附属横浜…の講座がある。	様々な学校の入試問題を解く講座がある。

※関東圏の一例

後期になると、背に腹を変えられない状況になります。その時に、みんなが受けているからといって、ムダな時間を過ごすのはあまりにもったいない。状況次第では、後期日特を受講しないことも考えてみてください。

じゃあ、受けなくていいよ。家で過去問を解こうか

僕には日特が難し過ぎるんだ…

②記述演習講座・算数演習講座

日能研の授業は、演習よりも問題の解き方や考え方などのプロセスを身につけてもらうことを重要視しています。そのため、演習量は多くありません。その演習量の少なさを補うものが、記述演習講座と算数演習講座だとお考えください。演習不足を自宅学習で補える場合は不要ですが、基本的に難関校を目指す場合は、受けることをオススメします。

③春期講習

春休み期間には春期講習が開催されます。日能研の季節講習では、クラスが標準、応用、発展と分かれており、テキスト内容も若干変わります。

4日間連続して開催され、間に1日休みが入り、また4日間連続して開催されるというスケジュールです。授業時間は14：00〜20：35なので、復習に取れる時間は翌日の午前中ぐらいです。

宿題は指示が出ると思いますが、前日の授業で扱った問題の復習をするといいでしょう。

④夏期講習

　夏期講習は、「5年生までのゆるさは何だったんだ？」と言いたくなるぐらいハードです。14：00 〜 20：35 まで授業があり、休みはお盆をのぞくと、だいたい週1日です。まるでブラック企業ですね…。

　ただ、この夏休みをどのように過ごすかがポイントです。他塾の生徒にも言えることですが、夏休み期間は基礎力の定着が非常に重要です。

　特に磨きたいのが算数の基礎力です。そのための素晴らしい教材（**共通問題 428**）が配られます。算数のところでも書きま

したが、夏休み中はとにかくこの教材を完璧にしましょう。現実的な話をすると完璧にするのは難しいです…ただ、その気概をもって取り組むことが重要ということです。

　多くの校舎で、夏休みの宿題は**共通問題 428** を取り組むように指示が出るはずです。この教材は夏休み以降も使いますが、まずは最低限、夏休み中に一周は終えられるように取り組みたいところです。

　算数以外の教科に関しては、校舎の指示に従って取り組みまし

ょう。とにかく算数の基礎力を固めることが重要です。そのため、**共通問題 428** をできる限りこなすことが、至上命題です。

⑤合格力ファイナル（冬期講習）

　実は、6年生では冬期講習は存在せず、12月初旬からの平常授業の名前である「合格力ファイナル」という講座名がそのまま使われます。ここでは便宜上、「冬期講習」と名づけます。

　内容としてはまさに総復習で、解き方の導入などは一切なく、問題があるだけです。ひたすら演習という感じですね。

　この時期になると、塾全体の雰囲気も受験に向けてピリピリとし、やる気と不安が入り混じった異様な雰囲気になります。しかし、その雰囲気こそが最後の1か月のお子さんを奮い立たせてくれるはずです。

「時間がないから、冬期講習は受けない方がいいかも」と思う方もいるかもしれませんが、個人的には受けることをオススメします。最後は精神力です。集団で受験に向かう環境があることほど、精神を安定させてくれるものはないでしょう。

語彙力を鍛える方法

　語彙力は、読解における基礎となる部分なので、なるべく低学年の頃から常に意識して取り組んでほしい学習の１つです。

　まず、語彙力を学習する上で非常に大切な考え方が、「日常から学ぶ」ということです。

　お子さんとテレビを見ている時やお話している時、国語の宿題で文章を読んでいる時に、言葉の意味を質問された経験はありますよね。そういう時に適当に流すのではなく、その場ではできなくても、一緒に辞書を引いて調べてほしいのです。

　そして、わからない言葉を調べたら、まとめておくことが重要です。自分が知らなかった言葉がまとめられた語彙ノートをのちのち見直すことで、かなり効率的に語彙学習ができます。また、語彙ノートを作ることで、その言葉を覚えやすくなります。

　習慣化するのはなかなか大変ですが、下図を参考に語彙ノートの作成をオススメします。

　ポイントは、意味だけでなく、例文を自分で考えることです。そうすることで、言葉がわかるだけではなく、使いこなせるようになりますよ。

言葉	意味	例文		
皮肉	弱点をつく意地悪な言葉を言うこと。	字が下手な人に「うまいね」と皮肉を言う。		

第 **4** 章

四谷大塚の
合格サポート戦略

四谷大塚

小学校4・5年生の国語

① ポイント

　4・5年生の国語は、書いてあることが理解できれば解けるはずの問題が大半です。しかし、4・5年生にとって、文章を当たり前のように理解するのは簡単ではありません。日本語のロジックに沿って、論理的に読み進めねばならないからです。

　その"読み方"を学ぶことができるのが、**予習シリーズ**です。導入部の「今回の読解テーマ」をバカにせず取り組むことで、"フィーリングで解く国語"から脱却することができます。お子さんが国語が苦手な場合は、ご家庭での復習の際に保護者の方も**予習シリーズ**を読み、一緒に取り組んであげると効果的です。

　授業では、読み方や解き方の解説がなされます。その内容を家庭学習でしっかり復習して、自力で読解問題を解く

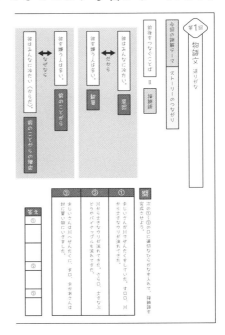

時に生かしてください。

　特に、**4・5年生のうちは"正しく読む"を目標にしましょう。**そのために重要なのが、読解しやすいよう文章に線を引くことです。ただ、それがわからないお子さんがほとんど。授業中に指示される線の引き方を学びながら、正しく読めるようにしましょう。線の引き方の説明だけで1冊の本になりそうなので割愛しますが、QRコードからYouTubeの解説をご覧ください。

② 主な教材

予習シリーズ	メインで使用する教材。毎回の読解テーマの解説文、文章題2題、言葉の知識に関するページで構成。
演習問題集	家庭学習用の演習型教材(必修副教材)。
漢字とことば	漢字と語彙に関する問題集(必修副教材)。
最難関問題集	開成・桜蔭などの最難関校向けのトレーニングを早期から始めるための問題集(選択副教材)。
予習ナビ	毎週配信される、その週の単元の動画授業。

③ 授業

　4・5年生の国語の授業は週2回で、1コマあたり4年生が50分、5年生が70分になります。内容は、基本的に読解問題の解説がメインです。具体的な進め方、予習をする・しない、するとしたらどう予習するのかは担当講師によって異なります。

　いずれにせよ、国語が苦手なお子さんは事前に文章を読み、ある程度親御さんが噛み砕いて説明しておくと、頭に入りやすくなります。授業だけで理解するのはなかなか難しいので、吸収力を高めるための手段として予習は大いにアリです。4・5年生の段

階で読解の作法を理解できたら、間違いなく成績アップするはず
です。

4 学習の進め方

予習

▷ 予習シリーズ「基本問題」（または「発展問題」）

　授業で扱う**予習シリーズ**の文章を音読します。クラスによっ
て基本問題か発展問題か異なるので、指示に従ってください。
音読しながら、わからない言葉の意味調べも行いましょう。問
題については、授業で初見で解くために取り組まないよう指示
されると思います。

　また、音読した本文の要約もできると最高です。上位クラス
では要約が宿題に出ることもありますし、出なかったとしても
国語が得意でさらに力をつけたい場合は、ぜひ取り組んでくだ
さい。

▷ 予習シリーズ「ことばの学習」

　予習シリーズは、各週の最後に言葉に関する説明と問題が掲

載_{さい}されています。品詞や敬語などの日本語の文法や、ことわざや対義語のような語彙について学びます。こちらも予習の一環として取り組んでください。

　まずは、説明をしっかり読んで問題を解きましょう。間違えた問題は、説明を参考にして納得した上で直していきます。予習してもよくわからない場合は、**予習ナビ**を視聴してもいいですね。

そんな時は予習ナビで授業動画を視聴しよう！

予習シリーズを予習してもよくわからない…

▶漢字とことば

　漢字とことばは、名前の通り漢字と言葉の学習についてまとめられた教材です。こちらは、授業で小テストが行われるので、しっかり予習して臨みましょう。意外と量があるので、ここでは４日間に分けて取り組む方法を説明します。

（ **１日目** ）まずは、新出漢字の学習です。学校の漢字ドリルと似ていますが、トメ・ハネ・ハライを意識した上で、丁寧に練習します。「用例」を確認しながら、漢字の意味を把握_{はあく}し、「練習問題」にも取り組みましょう。

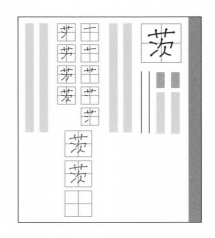

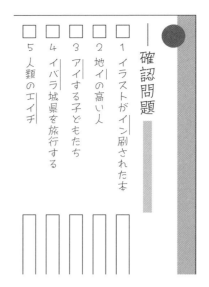

2日目 「確認問題」で漢字の書き取りをします。まず問題を解き、間違えた問題は3回書くぐらいの反復は必要です。また、採点はできる限り親御さんにしてほしいです。漢字は、模試でも入試でも意外とシビアに採点されます。「最大限丁寧に書かなくてはいけない」という意識を持ってください。

3日目 3日目は、漢字の問題の後にある、言葉の知識に関するページに取り組みましょう。説明をしっかり読んだ上で、「練習問題」を解いてください。

　問題の中でわからない言葉があったら、意味調べを行いましょう。

4日目 漢字や語彙などの知識は国語力の土台なので、毎週確実に身につけたいです。2日目に間違えた漢字の「確認問題」と、3日目に間違えた言葉の知識の「練習問題」を解き直しましょう。

復習

▷授業の復習

　授業の翌日に、授業中に解いた問題の復習をしましょう。国

語の復習は何をすればいいか
わからない方も多いので、次
のようにしてください。

　まずは、文章の音読をしま
す。その際、**授業で線を引い
た部分について、「なぜそこ
に線を引いたのか」を考えな
がら読みましょう**。正直、あ
まり詳しく説明されずに線を
引けと指示されることが多い
ので、理由を考えることで読

解する時に正しく線を引くことができるようになります。もし、
理由がわからなければ、翌週、先生に質問してください。

　また、わからない言葉があった時は、意味調べをしましょう。
調べた単語をノートに書き貯めておくと、わからなかった言葉
を集めた語句ノートを作れるので、語彙力アップに有効です。

　音読が終わったら、間違えた問題や記述問題について解き直
しを行います。ただ、ほとんどの人が答えを写して終わりです。

　国語の問題は、思いのほか論理的に解けるものです。解説の
時に、先生は解くためのプロセスを論理立てて説明してくれる
はずです。例えば、「太郎は顔を赤らめたとあるが、その理由
を答えなさい」という物語文の記述問題があった場合、まずそ
の場面の出来事やきっかけを考え、次にそれによる心情を考え
ます。このように解答のプロセスを思い出しながら、それを再
現するように解き直しをしましょう。もちろん、解説内容も参
考になるので、そちらもあわせて読んでおきます。

▶演習問題集

　演習問題集は、あまり宿題としては出ません。あくまでも、サブ教材です。重要なのは授業の復習なので、そちらを優先します。

　その上で、国語を強化したい、苦手を克服したい子は取り組んでください。テスト形式で解くのもいいですが、国語が苦手なら必ず音読してください。その際、音の切り方やイントネーションがおかしい時は、やさしく訂正してあげましょう。

　また、授業の復習と同様に、読みながらわからない言葉があった時は意味調べをし、語彙ノートに書き貯めておきます。その後、問題を解き、間違い直しの際はしっかり解説を読み、どのように解くべきだったのかを考えます。このように**国語が苦手なお子さんの家庭学習は、量よりも質という考え方で丁寧に進めましょう。**

　演習問題集は、**予習シリーズ**「基本問題」と同じくらいの難易度です。**予習シリーズ**の読解テーマに合わせた内容が掲載されています。**予習シリーズ**で学んだ後に、**演習問題集**に取り組むことで、より高い学習効果を望めます。

小学校4・5年生の算数

1 ポイント

　四谷大塚は予習主義の塾です。算数も「授業前に予習をして臨む→授業の復習をする→土曜日の週テストで定着度を確認する」が、1週間の基本サイクルです。授業はある程度予習前提で進みますし、週テストで点数を取るためには復習だけでなく予習がカギを握ります。

　しかし、担当の先生によっては、予習を指示されない場合もあります。それでも1週間の内容がしっかり頭に入るなら問題ありませんが、どうも定着していないと感じる場合は、ぜひ予習をしてください。

　予習シリーズは予習のために作られているテキストとはいえ、実際のところ内容が難しく、1人ではできない生徒がほとんどです。そのため、親御さんもテキストを読み、お子さんのわからないところはサポートしてあげるとよいでしょう。

　これはどこの塾生にも言えることですが、4・5年生は基礎が重要です。算数で言えば計算です。**予習シリーズ**には「計算」というテキストがあるので、必ず毎日取り組みましょう。

　厳しいことを言うようですが、4・5年生の時に計算が苦手な子が、6年生になってから計算が得意になったというケースは非

常に稀です。"速く正確な"計算力を身につけたければ、4・5年生のうちからトレーニングすることを強くオススメします。

2 ▶ 主な教材

予習シリーズ	メインで使用する教材。その週で扱う問題の解き方、例題、類題、基本問題、練習問題という構成。
演習問題集	家庭学習用の演習型教材（必修副教材）。
計算	計算と一行問題を繰り返し学習する教材（必修副教材）。
最難関問題集	開成・桜蔭などの最難関校向けのトレーニングを早期から始めるための問題集（選択副教材）。
週テスト問題集	土曜日に行われる週テストの過去問。
予習ナビ	毎週配信される、その週の単元の動画授業。

3 ▶ 授業

算数の授業は週2回で、1コマあたり4年生が50分、5年生が70分になります。その週の単元を土曜日の週テストで確認します。また、5週に1回の組分けテストで、5週間分のテストが行われ、クラスの昇降にも影響します。

算数の授業において重要な心がけは、予習で疑問に思ったこと

割合　速さ　相似

難しいけど予習で確認したところだ

を意識しておくこと。予習せずに授業に臨んだ場合、わからないことがあっても一瞬にして流れていくので、宿題の段階で解決しなくてはなりません。

算数は、1週間の中で理解しなくてはいけない概念や解き方が多い科目です。しかも、**予習シリーズ**のカリキュラムは進むのがかなり早いため、予習なしで新しい単元を理解できることができる子はひとにぎりだけでしょう。

特に、5年生で多くのお子さんがつまずく可能性のある「割合」「速さ」「相似」などは、下手をすると算数嫌いになる可能性すらあります。なかなか授業で理解するのは難しい単元です。

しかし、予習段階で疑問点を明確にしておけば、そこだけ集中して授業で解決すれば良いので、吸収力を高めることができます。

もう1つ重要なのが、授業中に手を動かすこと。算数は、問題を解くための工程を身につける必要があるので、実際に解いてみることが必須です。

授業中に、どのくらい集中して取り組んできたかは、ノートを見ればわかります。ぜひ、親御さんも、授業中に使ったノートを塾から帰ったら見てあげてください。

もちろん、尋問のようにしてはいけませんよ。仮にノートが真っ白だったとしても、強く叱るのではなく、「できる問題だけでもいいから、取り組もうね。その方が宿題がラクだよ」とい

ちゃんと集中しているのかしら…

ノート真っ白

う伝え方をしてください。

　授業が、導入の説明と演習の繰り返しで進んでいく中で、解き方をしっかり聞き、その場で手を動かして解くことで、授業の吸収力を高めることができるのです。

４ 学習の進め方

予習

▷予習シリーズ「例題」「類題」

　予習シリーズは、その週の内容を説明する「本文」「例題」「類題」「基本問題」「練習問題」という構成になっています。そのうち、まずは「例題」を解きましょう。解き方がすぐ下にあるので、しっかり読みながら直しを行ってください。

　なかなか理解が進まない場合や、そもそも算数が苦手な

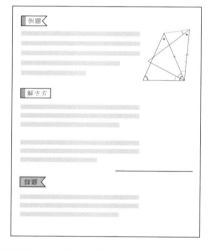

場合は、**予習ナビ**を観てから「例題」を解くといいでしょう。間違えた「例題」のみ、次にある「類題」に取り組むと、より良い予習になりますよ。

▷予習シリーズ「基本問題」「練習問題」

　予習シリーズ「例題」に取り組んだ後は、「基本問題」「練習

問題」にも取り組みましょう。これらはその週の単元において非常に重要です。案外難しい問題があり、予習段階で理解して解けるようにするのは、簡単ではありません。お子さんだけでは難しい場合は、一緒に解説を読んでサポートしたり、**予習ナビ**を見たりして、理解できるようにしましょう。

このように算数が苦手なお子さんは、予習をある程度サポートしてあげることで、授業の吸収力を高めることができます。予習しないでも授業に参加できますが、家に帰ってからの復習だけではなかなか追いつけません。算数が苦手なら、ある程度予習の段階でサポートしてあげると、良いサイクルになっていきます。

ただ、あくまでも予習なので、すべてを理解しなくても大丈夫です。理解できないならできないで、その点を明確にして授業で確認するという目的を持って臨めばいいのです。

クラスによっては「練習問題は取り組まなくていい」と指示されることもあるので、その場合は「基本問題」だけ徹底的にできるようにしましょう。

復習

▷授業の復習

基本的に、授業翌日には前日にできなかった問題や理解が浅い問題を復習します。授業内容を覚えていれば、何も見ずに解き直しましょう。

授業中に理解できていない問題は、いきなり解き直しても当然できないはずです。そのため、先に解説を読んで、その後何

も見ずに解くという流れで取り組んでみてください。

ただ、それを自力でできるお子さんは少ないので、親御さんも一緒に解説を読み、その内容を噛み砕いて説明してあげて、その後に何も見ずに解くことをオススメします。

もう1つ重要なのが、「習った解き方で解く」ということ。 4・5年生の算数は、典型的な問題に適した解き方を身につけることが最重要です。自己流の解き方を積み重ねると、後で応用が利かなくなり、つまずく可能性が高いからです。解説をしっかり読んで、再現できるように取り組んでください。

先に解説を読んでみたら？

前日に解き方を習ったはずなのに…

▷演習問題集「基本問題」「練習問題」

演習問題集は、**予習シリーズ**の「基本問題」「練習問題」の類題が載っている教材です。宿題として出ない場合もあるかもしれませんが、やはり算数は演習量がものをいう科目です。**予習シリーズ**「基本問題」「練習問題」で間違えた問題だけでも、解き直すことをオススメします。

毎日

▷計算

計算では、計算問題と一行問題が出題されます。1日1ペー

ジ解いて、計算力をコツコツ身につけましょう。1ページあた
り15分が目安ですが、お子さんの学力によるので、ギリギリ
終わるぐらいの時間制限を設けてテストのように取り組むのが
オススメ。

　ただ、時間を気にし過ぎると、字や計算が雑になるお子さん
もいます。まずは、正確に解くことが重要です。その場合は、
逆に時間を計らずに、ミスせずに解くことを優先しましょう。

ええと、
3.14×1.9は…

1日1ページ
15分！

四谷大塚 小学校4・5年生の理科・社会

1 ポイント

理科

　理科は4・5年生で基本的な範囲をすべて学習します。他の科目同様、ある程度予習をしてから臨みましょう。**予習シリーズに**は、毎回の単元の説明ページがあります。予習の段階で、この説明をいかに理解できるかが大切です。わからない点については、授業内でしっかり解決できるように集中して聞きましょう。

　ところで、理科を得意にするために大事なことは何でしょうか。それは、好きになることです。そのために、**日常の体験と理科の学**習を結びつけ、理科に興味を持てるように工夫してほしいのです。

　例えば、冬の寒い日に窓の結露を見て水蒸気が水になることを理解したり、夜空に浮かぶ月の形や傾き、時刻から方角を考えたりするなどです。そういった日常の体験から、知的好奇心を満たしていくことで、理科を好きになっていきます。もちろん、博物館や科学館などに連れていくことも、お子さんの興味を促すために良い方法でしょう。

　しかし、興味を促すためのすべてを、体験や遊びでまかなうのは無理があります。ネット検索やYouTube、漫画やアニメなど

と理科の学習をひもづける意識が出てくると、机上以外での学び
が効率よくできるようになり、理科好きになれるでしょう。

社会

社会は一般的な学習塾と同じ進度です。４年生から５年生の夏
休みまでは地理分野、夏休み開けから５年生の終わりまでは歴史
分野を学習します。毎週、**予習シリーズ**の単元説明を予習してし
っかり理解しましょう。

沖縄は世界遺産が
たくさんあるんだな…

まず、地理は都道府県や地名
などをイメージし、資料集やネ
ット検索などを用いながら学習
します。旅行の際も目的地につ
いて調べて楽しむなど、遊びな
がら学ぶ姿勢が重要です。これ
は、理科と同様ですね。

歴史は５年生の９月からスタ
ートするので、夏休みの間に歴史マンガを読んでおくのがオスス
メです。全部読むのが大変なら、江戸時代以降を中心に読みまし
ょう。入試でよく出るのは、江戸から近代史だからです。戦国史
は面白いですが、受験対策としてはそこまで重要ではないのです。

社会は、どうしても用語を暗記する必要があります。特に、重
要語句は漢字で覚えなくてはいけません。ですので、早いうちに
用語暗記の方法を確立する必要があります。そのためには、やは
り「書く」ことが重要です。

また、これは裏技ですが、前年度の**予習シリーズ**の５年生（下）

を購入し、説明ページを先に読むという手もあります。活字が好きなお子さんなら、特に負担なく進められると思います。**予習シリーズ**の良さは、自分のペースで前もって進められる点なので、余力がある場合はそういった方法も選んでみてください。

2 主な教材

予習シリーズ	メインで使用する教材。その週の単元の説明と、その内容を確認する要点チェックの構成になっている。
演習問題集	家庭学習用の演習型教材（必修副教材）。
週テスト問題集	土曜日に行われる週テストの過去問。
予習ナビ	毎週配信される、その週の単元の動画授業。

3 授業

授業は週1コマで、4年生が50分、5年生が70分になります。平常授業の通塾日が火・木の場合、火曜が理科、木曜が社会というパターンがあります（その逆も）。校舎ごとに、1週間の学習スケジュールが若干変わるので、ご注意ください。

例えば、理科が火曜の場合、予習に割ける時間は日曜と月曜だけです。土曜の週テストが終わるまでは、その週の内容について学習しなければならないからです。

週テストが土曜なので、予習に割ける時間は
日・月曜のみ

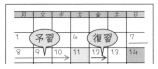

予習に割ける時間は日曜～水曜。ただし、
週テスト前の復習時間は金曜のみ

一方、理科が木曜の場合は、日曜から水曜まで予習の時間を取れます。ただ、注意したいのが、金曜に復習をして、すぐに土曜の週テストを迎えることです。復習の余裕があまりなく、良い点数を取るためには予習をしっかりする必要があります。ただ、**週テストはクラス分けに影響するわけではないので、教材の１つと割り切って点数をあまり気にしないのも大いにアリです。**テストに追われるのは、精神衛生上あまりよくないですからね。

4 学習の進め方

予習

▷予習シリーズ「本文」

　予習シリーズは、その週の内容に関する説明である「本文」、重要事項がまとめられた「今回のポイント」、要点を軽い問題形式でおさらいする「要点チェック」という構成になっています。

　予習では、「本文」をしっかり音読してください。その際、図や写真もあわせてチェックしましょう。「本文」で覚えるべき単語は太字になっているので、暗記マーカーを引いて覚えるのがオススメです（82ページ参照）。

▷予習ナビ

　予習ナビは、日曜日のお昼頃に更新され、次週の授業内容の

動画を視聴できます。利用していない人もいると思いますが、理科・社会に関してはぜひ活用してみてください。

　そもそも、文章を読んで学習するのは中高生でも難しいことです。大人でも、活字より YouTube の方がラクに情報収集できてわかりやすいと思う方は多いでしょう。理科・社会はイメージすることが大切なので、ぜひ使ってみてくださいね。

復習

▷ 予習シリーズ「今回のポイント」「要点チェック」

　授業を受けたら、**予習シリーズ**「今回のポイント」「要点チェック」に取り組んでください。

「今回のポイント」は音読し、「要点チェック」は紙に書く形で解きましょう。5 ～ 10 分で終わると思いますが、間違えた問題は**予習シリーズ**「本文」に戻って復習します。「要点チェック」レベルの用語は、確実に漢字で答えられるようにしてください。

▷ 演習問題集「まとめてみよう！」

　演習問題集は、「まとめてみよう！」「基本問題」「練習問題」「発展問題」で構成されています（社会は「記述問題にチャレンジ！」もあります）。「まとめてみよう！」は、その週のまとめを穴埋め形式で答えるページです。**この穴**

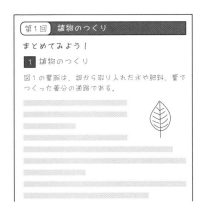

埋め部分は毎週確実に暗記しましょう。

　取り組み方はいくつかあります。オーソドックスに穴埋めを記入し、丸付けをして直す方法もいいですね。また、解答は問題の穴埋め部分に印字されているので、暗記マーカーで引いて、赤シートで隠して回答する方法もあります。こうすると、ちょっとした隙間時間にも見直せるので、組分けテストや週テストの前にさっと復習しやすいです。

　ちなみに、「まとめてみよう！」の用語も、「要点チェック」と同様に漢字込みで暗記しましょう。

▶ 演習問題集「基本問題」「練習問題」「発展問題」
　　　「記述問題にチャレンジ！」

　演習問題集は、「まとめてみよう！」の後は問題演習のページが続きます。どこまで取り組むのかは、先生からの指示に従ってください。しっかり解いて、直しの際は**予習シリーズ**「本文」なども参考にしながら進めてください。

　「記述問題にチャレンジ！」は社会のみですが、難関校を目指す生徒はしっかり取り組みましょう。難関校では記述問題は当たり前に出題されるので、あらかじめ耐性をつけておいてください。

難関校は記述問題が出るので、慣れておこう

4・5年生
1週間のスケジュールサンプル

	6月10日 月曜日	6月11日 火曜日	6月12日 水曜日	6月13日 木曜日	6月14日 金曜日	6月15日 土曜日	6月16日 日曜日
07:00	算計算	算計算	算計算	算計算	算計算	算計算	算計算
07:30	国漢字とことば		国漢字とことば		国漢字とことば		国漢字とことば
08:00							
08:30							
09:00							
09:30			学校			算理社 週テスト問題集※	週テスト 直し
10:00							
10:30							
11:00						週テスト問題集※ 直し	
11:30	学校	学校		学校	学校		
12:00							
12:30							
13:00						理演習問題集 「まとめてみよう!」[2]	
13:30						社演習問題集 「まとめてみよう!」[2]	
14:00							
14:30							
15:00							算予習シリーズ 「例題」「類題」
15:30			算授業の復習			週テスト テスト演習	
16:00							
16:30	算予習シリーズ 「基本問題」 「練習問題」	算数 国語 社会	国授業の復習	算数 国語 理科	算授業の復習		
17:00							
17:30			社演習問題集 「基本問題」 「練習問題」		国授業の復習		
18:00	算予習ナビ						
18:30	社予習シリーズ 「本文」				理演習問題集 「基本問題」 「練習問題」		
19:00			理予習ナビ				
19:30			理予習シリーズ 「本文」				
20:00	国予習シリーズ 「本文」 「発展問題」						
20:30	国予習シリーズ 「ことばの学習」	社予習シリーズ 「今回のポイント」 「要点チェック」		理予習シリーズ 「今回のポイント」 「要点チェック」			
21:00		社演習問題集 「まとめてみよう!」[1]		理演習問題集 「まとめてみよう!」[1]			
完了チェック							

▬▬▬ は塾の時間です　　▨▨▨ は先週分の宿題です　　　　　　　　　　※週テスト対策のための過去問題集。

小学校6年生の国語

1 ポイント

　6年生になると、いよいよ受験に向けて意識しなくてはなりません。5年生までの**予習シリーズ**は、読解力を身につけるために、読み方や解き方の基本を学んだ上で問題に取り組む流れでした。6年生の**予習シリーズ**では、毎週、文章のテーマが決められています。例えば、「出会いと別れ」などのようにテーマが設定されており、それに沿った文章が題材として扱われます。

　中学受験の国語には、よく出題されるテーマというものがあります。そういったテーマについて、基本的な考え方などを理解しておくことは非常に重要です。それによって文章自体を理解しやすくなり、展開も予想しやすくなります。こういった点数には直結しないけど必要な常識力については、家庭で培っていくしかありません。

　基本的に、塾で説明されるのは問題の解き方です。わからない言葉の意味調べや常識力は、家庭で身につけましょう。文章に出てきた題材について、話し合うのも良いと思います。普段話題にしづらいかもしれませんが、例えば「恋愛」がテーマの場合は、「そもそも恋心とはどういう感情なのか？」「恋人とはどういう関係性なのか？」などの話題についても話してみてくださいね。

2 ▶ 主な教材

予習シリーズ	メインで使用する教材。毎回の読解テーマの解説、文章題2題、言葉の知識に関するページで構成。
演習問題集	家庭学習用の演習型教材。後期から難関校対策と有名校対策という2つのレベルに分かれる（必修副教材）。
漢字とことば	漢字と語彙に関する問題集（必修副教材）。
最難関問題集	開成・桜蔭などの最難関校向けのトレーニングを早期から始めるための問題集（前期のみ）。
予習ナビ	毎週配信される、その週の単元の動画授業。
四科のまとめ	これだけは押さえておきたい最重要事項をまとめた教材。

3 ▶ 授業

　火・木曜に70分の平常授業が1コマずつ、土曜に週テストがあります。これは5年生と同じですが、日曜にも60分授業が1コマ追加されます。土曜の週テストでその週のまとめが終わり、日曜が翌週の初回授業になる形です。日曜に4科目の導入をある程度習い、火曜・木曜でさらに深めていく流れになります。ちなみに、後期になると日曜の授業が志望校別授業になります。

　授業は基本的には読解問題の演習が中心です。解説の中で、読解テクニックの指導もあるので、毎回習ったことを取り入れて、次回以降の演習に使う意識が重要です。

　選択肢問題や記述問題はテクニックを意識しなくても解ける

「つまり…」から始まる文が筆者の主張だっけ

ことはありますが、入試に対応するためには「この問題はこう解く」という決まった解き方を確立する必要があります。授業中に教えられた解き方のポイントは、注意して聞きましょう。

また、**予習シリーズ**の冒頭に「今回の読解テーマ」という部分があります。入試によく出るテーマがまとめられていて非常に有益ですが、時間の都合上、授業ではあまり扱えないようです。ですから、ここは復習の段階でしっかり読み込みましょう。

授業前には知識や漢字のテストがあるので、次の「学習の進め方」に従って、テスト対策をする必要があります。

4 学習の進め方

予習

▷予習シリーズ「本文」

授業で扱う予定の文章を音読しましょう。国語の授業は週2日ありますが、両日とも文章題を1つずつ扱うことが多いです。そのため、毎回の授業前日に音読しておきます。

また、音読をしながら、正しく読むための線引きもしっかり行いましょう。読解のための線の引き方については、207ページで紹介した動画をご参考ください。

明日の国語の
予習しなきゃ

わからない言葉が出てきたら、確実に意味調べをしましょう。その上で余裕があれば、本文の要約にも取り組んでください。クラスや校舎によっては、提出するよう指示される場合もあります。

▷ 予習シリーズ「ことばの学習」

　毎回終わりにある言葉関連のページ説明をしっかり読み、問題に取り組みましょう。6年生になると、読解問題にばかり気を取られ、「ことばの学習」をおろそかにしがちです。しかし、**語彙力や知識は一朝一夕には身につかず、あとでまとめて強化するのは難しいです。**

　つまり、毎週の学習の中で着実に取り組むことが重要なので、軽視せずやりましょう。

▷ 漢字とことば

　漢字と言葉に関する学習が1冊にまとめられています。新出漢字はなく、「中学入試頻出漢字」として毎回40問の書き取り問題が掲載されています。まずは、テスト形式ですべて取り組み、間違えた漢字は3回ずつ練習します。

「絶体」じゃなくて
「絶対」に達成する、だ！

その際、知らない単語やあやふやな熟語は意味を調べましょう。「ことばの知識」も説明を読み、問題に取り組んでください。

　授業の小テスト前日には、**漢字とことば**をもう一度復習して

臨みましょう。小テストの点数に毎回こだわることは重要な心がけですよ。

復習

▷授業の復習

　授業の翌日に、間違えた問題の解き直しをしましょう。**解き直しのポイントは「授業中の内容を思い返すこと」**。

　そのためには、そもそも授業をしっかり聞かなくてはいけません。先生が「ここに線を引けよー」「傍線部に指示語があるから、それを明らかにしろよー」など読み方や解き方の解説をするので、そのポイントを思い出しながら復習します。

　また、問題の解き直しをする前に、授業中につけた印の意図を思い出しながら、問題の文章を音読しましょう。そして、耳にタコができるほど言われていると思いますが、ここでもわからない言葉があったら意味調べをしてください。

　さらに重要なのが、復習で理解した読み方・解き方を、新たな読解問題で生かすことです。国語が苦手な子のほとんどは、これができません。大人の観点からすると当たり前に思えますが、国語が苦手な子は新しい問題に取り組むとなぜか我流に戻ってしまうんですよね…。新しい文章読解の問題演習を解く前に、どんなことに注意するのかを確認するようにしましょう。

▷演習問題集

　演習問題集はサブ教材です。宿題として、出ることはあまりないので、「やりたい人はやってくださいね」というような指

示になります。

　掲載されている問題は、**予習シリーズ**「基本問題」と似たような難易度になっています。国語が苦手なお子さんや、さらに強化したいお子さんは、演習量を確保するために取り組むのがいいと思います。

　ただ、**国語の学習は、量よりも質ということを忘れずに取り組んでください。ろくに授業の復習をせずに演習問題集をひたすら解いても、あまり効果は期待できません。**

　取り組む場合は、間違えた問題をどのように解くべきだったのかを考え、それを次回から読解演習に生かすという流れが重要です。

　ちなみに、**演習問題集は、国語が苦手で家庭教師や個別指導で強化する場合の教材にはもってこいです。**文章と問題の難易度がちょうど良いからです。一度授業で解いた問題の復習を家庭教師や個別指導でお願いするのはもったいないので、取り組んだことのない問題が必要な場合は、この教材を候補にしてください。

▶ 最難関問題集

　文字通り最難関を目指すお子さん向けの教材です。6年生前期のみしかありませんが、国語力を最難関レベルまで引き上げたいなら、ぜひ取り組んでください。

　問題は基本的に記述形式です。解いた後は解説をしっかり読み、自分の解答と見比べて何が足りなかったのか、そもそもどのような考え方や型で解くべきだったのか、反省しましょう。

　ただ、家庭だけでは、採点も含めてこの教材のサポートを行うのはかなり難しいかもしれません。

これで国語力を
最難関レベルまで
引き上げよう

四谷大塚

小学校6年生の算数

① ▶ ポイント

　5年生までにすべての単元をひと通り学ぶので、6年生からは基本的に既出の単元についての学習です。ただし、単なる復習ではなく、さらに難しい問題や新たな種類の問題を学びます。

　6年生の前期は、とにかく算数の基礎力を固めることが重要です。そのためには、毎週の内容をしっかりこなしつつ、苦手単元が出てきたら徹底的に克服することが重要です。ちなみに、「相似」「割合」「旅人算」「ニュートン算」「立体切断」などが、つまずきやすい定番です。

　苦手単元はやりさえすればつぶせるので、出てくるたびにとにかく克服することをクセにしてください。それを早めにできたら、

かなり順調に成績を伸ばすことができるはずです。

　後期は、入試に向けて過去問演習などを通して実戦力を養います。ただ、中堅校を目指す生徒は、後期に入っても結局は典型問題をいかに解けるようにするかが勝負です。そのために、**四科のまとめ**や今まで受けた模試の直しなどをしていく流れになります。

2 ▶ 主な教材

予習シリーズ	メインで使用する教材。後期から難関校対策と有名校対策という２つのレベルに分かれる。
演習問題集	家庭学習用の演習型教材。後期から難関校対策と有名校対策という２つのレベルに分かれる（必修副教材）。
計算	計算と一行問題を繰り返し学習する教材（必修副教材）。
最難関問題集	開成・桜蔭などの最難関校向けのトレーニングを早期から始めるための問題集（選択副教材）。
算数難問題集	男子御三家レベルを志望する生徒向けの教材（後期）。
総合問題集	テスト形式の問題集で、入試に必要な単元を網羅してくれる教材。基本とややレベルの高い問題に分かれている。
予習ナビ	毎週配信される、その週の単元の動画授業。
四科のまとめ	これだけは押さえておきたい最重要事項をまとめた教材。

3 ▶ 授業

　日曜日にその週の初回の60分授業が１コマ、平日は火木に70分授業が１コマずつ、土曜日に週テストを受けます。通塾日が増えることで、家庭学習の時間を取りづらくなります。

　そのため、**授業でしっかり吸収できるように、「予習の段階である程度理解する→授業でさらに理解を深める→復習で定着させる」という流れを確立することが、４・５年生以上に重要になっ**

後半で吸収する流れを確立する

てきます。

　そして、入試に対応するためには、授業で説明される問題に対する"考え方"を習得することが重要です。例えば、「速さ」の問題において、情報を整理する時に線分図を使うのか、ダイヤグラムを使うのか、それらを使わずに整理するのか、という選択をした上で解き始めます。

　授業では、問題をはじめて見た時に、どのように対応するべきか説明されるはずなので、そこに注目しましょう。そして、復習する際は、それを思い出しながら取り組んでください。

4 学習の進め方

予習

▷予習シリーズ

　6年生の**予習シリーズ**は、「重要問題チェック」「重要問題プラス・類題」「発展学習」「ステップアップ演習」という構成になっています。

　「重要問題チェック」は、5年生までに習った問題の復習になり

ます。すべての大問に、テーマ、
レベル（基本：★、標準：★★）、
4・5年生のどの教材の復習
なのかが書いてあります。そ
のため、間違えても該当の教
材に戻ることで苦手を克服で
きるようになっています。

周期算は
基本レベルか…

　また、1週間で大問20題
以上と結構なボリュームがあ
ります。すべて取り組むのが難しいお子さんは、問題のレベルを
絞って学習するといいでしょう。

「重要問題プラス・類題」は、6年生の新出の論点について学
ぶ問題です。例題と類題という構成で、予習段階で解き方をし
っかり読みながら例題を解き、類題で確認しましょう。

「発展学習」は、発展的な内容の論点について学びます。問題
のレベルは★★★（応用）なので、難関校を目指すお子さんの
み予習してください。

「ステップアップ演習」は、今までの復習テーマと新出テーマ
を織り交ぜた入試レベルの問題です。★でレベル分けされてい
るので、お子さんの学力に合わせて問題をチョイスしましょう。

　冒頭でも記しましたが、**予習シリーズ**をどこまで解くかは、
校舎やクラス、お子さんの学力によって変わります。ただ、4・
5年生の内容を完璧にすることが大切なので、「重要問題チェ
ック」でつまずく場合は、まずそこを克服しましょう。逆に、
トップ校を目指すお子さんは「発展学習」までしっかり取り組
んでください。

▷授業の復習

　基本的に、授業の翌日には、前日にできなかった問題や理解の浅い問題に関して復習します。授業内容を覚えていれば解けるはずです。

　ただ、授業の解説を忘れてしまっていたり、理解できていなかったりすると、解けない問題もあるでしょう。そういった問題は解説を読んだり、**予習ナビ**を観たりして解決してください。理解できたら、あらためて何も見ずに解き直します。

　その際、授業中に習ったやり方を踏襲（とうしゅう）することが重要だというのは４・５年生でも記した通りです。自己流で進めると後でつまずくので、できる限り解説や授業で説明された解き方で進めてください。

　ただし、最難関校を目指すお子さんは、授業で習ったやり方をそのまま思い出して解き直すだけでは不十分です。授業では、「なぜ、その解き方をしたのか」という解説がされるはずです。例えば、下図のような一見すると脈絡（みゃくらく）のないところに補助線を

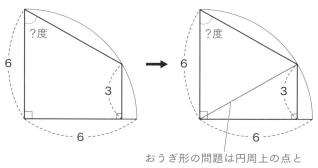

おうぎ形の問題は円周上の点と
中心を結ぶのがポイント

引いて解く図形問題も出てきます。しかし、そこに補助線を引いたのには理由があり、そういったポイントが授業で解説されているはずです。

　最難関校は、見たこともない初見の問題が出題されます。答えにつながる解法を思いつくためには、日頃から「なぜ、その解き方をしたのか」を考えることが重要なのです。

▷演習問題集

　演習問題集は、**予習シリーズ**で学習した内容を定着させるための問題集です。ステップ①〜③で構成されています。

　ステップ①は、必ず身につけたい基本問題なので、すべてのお子さんが取り組むべきです。ステップ②は、やや難しい問題もあるので、ステップ①を解いても余裕があるお子さんが取り組んでください。ステップ③は、応用レベルの問題なので、難関校を目指す生徒のみ取り組んでください。

▷最難関問題集

　前期のみの教材で、開成、桜蔭などの最難関校を目指すお子さん向けです。**予習シリーズ**の内容が物足りないお子さん以外は、取り組まなくて結構です。何度も繰り返しますが、大事なのは基礎です。

　内容は、「応用問題A」と「応用問題B」で構成されています。「応用問題A」は、**予習シリーズ**「ステップアップ演習」や**演習問題集**「ステップ③」レベルの問題が中心です。

　「応用問題B」は、難関校の入試や、それを参考にした問題が出題されます。ただ、べらぼうに難しいわけではありません。

難関校の入試問題といえども、基本問題の組み合わせであることがほとんど。長い問題文や一見複雑な図形で、見かけの難しさに気圧（けお）されないようにしましょう。

　難関校に合格したいなら、このレベルの問題に立ち向かい、わからないなりに悩む時間が必要です。いわゆる「スロー学習」と言われるもので、6年生になったら頭に汗をかきながら学習する時間を設けましょう。

スロー学習も
大切よ

難問…

毎日

▷計算

　「計算」と「一行問題」があるテキストです。1日1ページ、10分を目安に解きましょう。

　一行問題は、各単元でも基本的な内容ですが、算数が苦手なお子さんは、つまずくことがあります。しかし、「こんな問題もできないの!?」という気持ちを抑えて、解決することが重要です。

　予習シリーズや**演習問題集**をがんばりたい気持ちがあると思いますが、算数の偏差値45以下のお子さんの場合は、簡単で

はありません。まずは毎日の
計算を完璧にしていくことを
優先し、徐々にステップアッ
プしてください。

　成績に関わらず、基礎力を
固めるためには、習慣化が非
常に大切です。その筆頭とし
て、このテキストを毎日こな
せるようにしましょう。

▷四科のまとめ

　入試に最低限必要な知識や技術が集約されています。どのように使うかは、校舎やクラス、ご家庭によって様々ですが、これを完璧にできたら偏差値50までは十分に到達できるはずです。

　算数がそれなりに得意だとしても、6年生の前期はまだまだ穴もあるでしょう。そういった生徒さんにも十分価値があります（つまり、すべての四谷大塚生が取り組むべきです）。

　オススメは、夏休みまでの間に授業の進みと関係なく、少しずつ取り組んで一周すること。毎日のルーティンに取り入れたり、春休み、ゴールデンウィーク、夏休みなどの長期休みを利用したりしてもいいでしょう。

　どうしても一周が難しい場合は、通常授業で出てきた苦手単元を、**四科のまとめ**で直しをするのもアリです。何度も言うようですが、**前期は算数の基本を習得するのが最優先です。**

　夏休みが終わったら、1回目に解いて間違えた問題のみ解き

直します。そして、間違えたらまた問題を解き直すというのを
繰り返して、9〜10月の終わりまでにすべての問題を解ける
ようになるとベストです。中堅校の入試であれば、スムーズに
対応できます。難関校はこれだけでは足りませんが、過去問演
習もありますし、日曜日の志望校別対策などで応用問題対策を
すれば大丈夫です。

小学校6年生の理科

1 ポイント

　5年生までに全範囲を終えているので、基本は復習になります。理科は、どの生徒にも苦手単元があるものです。授業でその単元に当たったら、むしろラッキーだと考えて、その都度しっかり克服しましょう。

　特に物理・化学の単元が苦手なお子さんが多いですが、そのほとんどが基本的な原理や解き方を理解していないことが原因です。

　例えば、「凸レンズの光の進み方」の単元で、作図をする定番の問題があります。これは、「平行に入ってきた光は焦点に向かう」「凸レンズの中心を通った光は真っ直ぐ進む」という2つを理解していれば、問題なく解けます。

　基本中の基本が押さえられていないのに、中途半端に問題演習をすると、間違いだらけになり、「わからない。難しい…」となってしまいます。

　ですので、**まずは基本をしっかり固めて、決められたやり方を必ず意識して学習を進めてください**。計算問題は、ただ演習をすれば、できるようになると思っている方が多いですが、「決められたマニュアル通り」に解くことで、はじめて成績アップが望め

ます。困ったら、5年生の**予習シリーズ**に戻って、基本から振り返って進めましょう。

2 主な教材

予習シリーズ	メインで使用する教材。後期から難関校対策と有名校対策という2つのレベルに分かれる。
演習問題集	家庭学習用の演習型教材。後期から難関校対策と有名校対策という2つのレベルに分かれる（必修副教材）。
予習ナビ	毎週配信される、その週の単元の動画授業。
四科のまとめ	これだけは押さえておきたい最重要事項をまとめた教材。

3 授業

日曜にその週の初回授業が60分1コマあり、平日の火曜か木曜のどちらかに70分授業が1コマあります。週テストでしっかり点数を取りながら、毎週の内容を習得していきたいところですが、授業の曜日によっては復習が間に合わないこともあるでしょう。その場合は、予習をしっかりするか、週テストの点数は気にしないで解き直しをちゃんとできればよいと考えてください。

6年生は、基礎知識の定着と応用力の養成が目標なので、授業中に入試を意識した演習なども盛り込まれます。特に、計算の単元は積極的に演習を積みましょう。

ただ、算数とは少し違い、理科の応用問題は頭をやわらかく使うような問題は少ないです。**重要なのは、授業で教えられた解く流れをそのまま使えるかどうか。**

例えば、てこの問題だったら「棒に重さがあるか確認」→「支

点決め」→「力の矢印記入」→「回転方向の記入」→「釣り合いの式」という流れで進めれば、解けない問題はほぼありません。こういった解き方マニュアルは必ず授業で解説されるので、習得できるように先生の説明を確実に聞きましょう。

てこの問題の
解き方を教えます

4 学習の進め方

予習

▷ 予習シリーズ「本文」

　まず、**予習シリーズ**「本文」をしっかり読みましょう。もう６年生なので、音読ではなく黙読でも結構です。その際、**重要なのが図や写真も含めてチェックすること**。

　また、「本文」の太字部分に関しては、暗記マーカーを使って暗記できるといいですね。

　後期になると内容は大きく変わります。説明ページはなくなり、演習用の問題と解答という構成になります（有名校対策は

「まとめ」「ポイントチェック」という基本を確認するページがあります）。説明ページがなくなるため、予習として取り組む箇所は特にありません。

第10章 動物

今回の
予習シリーズは
「動物」か

復習

▷ 演習問題集

演習問題集（上）は、「基本問題」「練習問題」「発展問題」という構成です。塾から指示が出ると思いますが、「基本問題」はすべてのお子さん、「練習問題」は現状偏差値50以上のお子さん、「発展問題」は先々偏差値60以上の難関校を目指すお子さんが取り組みましょう。「発展問題」は、かなり骨のある内容ですが、仮にわからなくても考えることが重要です。解説をよく読み、直しを行ってください。

演習問題集（下）になると、難関校対策と有名校対策に分かれます。難関校対策は「練習問題」と「発展問題」、有名校対策は「基本問題」と「練習問題」になっています。

上巻も下巻も一緒ですが、理科はとにかく基本原理を理解しないとできるようになりません。逆に言えば、基本原理を理解

できたら、だいたいの問題は
できるようになります。

　授業で習ったやり方で解く
こと。困ったら予習シリーズ
に戻って確認すること。この
２つを強く意識して取り組み
ましょう。

志望校が偏差値65
だから「発展問題」まで
やらないとな

▷ 四科のまとめ

　これは、入試までに絶対覚えておきたい知識がまとめられた
教材です。「知識の確認」「典型題の攻略」「入試問題に挑戦」
という構成で、それぞれ生物・地学・物理・化学分野に分かれ
ています。ぜひ、苦手な単元から取り組みましょう。

　「知識の確認」は、基本的な知識を穴埋め形式の問題で確認し
ていく部分です。ただ、苦手な単元だとまったく解けない子も
いると思います。その場合は、落ち着いて４・５年生の予習シ
リーズに戻りましょう。半分以上正解できそうなら、取り組む
意味があります。わからない知識は答えを写しても構いません。
日をあらためて確認するようにしましょう。

　「典型題の攻略」は、入試によく出る基本的な知識を使った問
題です。得意な単元は「知識の確認」を飛ばして、「典型題の
攻略」から始めてもいいと思います。

　「入試問題に挑戦」は応用的な問題になるので、個人的には**四
科のまとめ**の趣旨にそぐわない気がしています。難関校を目指
し、**演習問題集**や**予習シリーズ**以外の難しい問題に取り組みた
い場合に活用してください。

スケジュール感としては、「知識の確認」は少なくとも夏休みが終わるまでに一周しておきたいです。特に苦手単元は、必ず「知識の確認」レベルまでこなしましょう。余裕があれば、「典型題の攻略」まで進められるとベストです。

　夏休み後は、自分で決めたペースを守りながら着実にこなしてください。何周できるかは個々人のペース次第ですが、他の科目とのバランスを考えた上で、できる限り進めましょう。

　理科は、苦手な単元と得意な単元が明確に出やすい科目です。苦手をつぶして、基本的な知識を習得し、成績を安定させるための教材として考えてください。

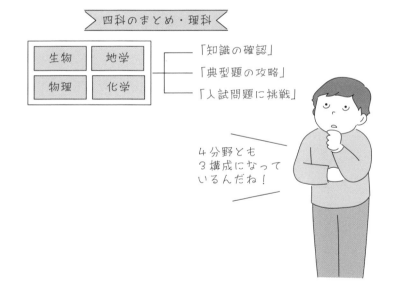

小学校6年生の社会

1 ポイント

　四谷大塚の社会は、他塾と同様、6年生から公民分野の学習を
スタートし、前期ですべての単元を終了します。

　公民は小学生にとって馴染みが薄く、難しいです。ただ、まっ
たく新しい単元だけに、これまで地理と歴史をあまり学習せず、
社会が苦手なお子さんにとっては挽回のチャンスとも言えます。
心を入れ替えてがんばりましょう。

　公民のポイントは、数字を意識することです。例えば、憲法改
正は国民投票の前に衆参各議員の3分の2以上の賛成が必要で
す。他にも議員定数や議員の任期など、ややこしい数字を覚えね
ばなりません。これらは表にまとめたり、繰り返し音読したりす
ることで、暗記していく必要があるでしょう。

　後期からは5年生までに終えた地理、歴史の復習に入ります。
入試に向けてインプットした知識をアウトプットしていくための
演習中心の授業になっていきます。

　近年の入試では、ただ知識を問うだけではなく、持っている知
識から考えさせるような問題が増えています。授業でも、宿題で
も、知識をどのように使っていくのかということを意識して学習
を進めましょう。

予習シリーズ	メインで使用する教材。後期から難関校対策と有名校対策という2つのレベルに分かれる。
演習問題集	家庭学習用の演習型教材。後期から難関校対策と有名校対策という2つのレベルに分かれる（必修副教材）。
予習ナビ	毎週配信される、その週の単元の動画授業。
四科のまとめ	これだけは押さえておきたい最重要事項をまとめた教材。

3 ▶ **授業**

　日曜日にその週の初回授業が60分1コマあり、平日に70分授業が1コマあります。日曜は導入的な内容で、平日の授業ではその続きが説明されます。

　前期は、多くのお子さんには馴染みのない公民の範囲になります。授業では、その時の時事的な内容と絡めるような雑談もされます。むしろ、この雑談が非常に重要で、内容をメモしながら聞きましょう。先生から提示された話題には積極的に参加し、授業中に発言することで、より良い学習になります。

　後期になると、入試に向けたアウトプット中心の授業になるので、問題の解き方をしっかり学び、考え方のツボを習得してください。「なぜ、この選択肢が間違っているのか」「記述問題はどんなことに注意して書いたらいいのか」などのポイントをしっかり聞きましょう。それらを日頃の演習に

憲法改正のためには、まず衆参両方とも2/3以上の賛成が必要なんだ

生かしていくことで、入試に対応する力がついていきます。

④ 学習の進め方

予習

▶ 予習シリーズ「本文」

社会の予習は、基本的に**予習シリーズ「本文」**を事前に読むこと。日曜の週の初回授業前に行います。

「本文」を読む際に重要なのが、疑問に思ったことやよくわからない部分について考え

なるほど、
1ドル＝360円の
固定相場制から
変動相場制に
変わったのね

たり、調べたりすることです。気になった内容は資料集で深く調べたり、家族で話し合ったりしましょう。習ったことから浮かんだ疑問を調べることで、深い知識になっていくからです。

例えば、公民で為替について学ぶ時、「円の価値が低いことを円安、円の価値が高いことを円高と言う」とだけ覚えても、表層的な知識になってしまいます。そこで、「そもそも今の日本はどっちだろう？」「どんな時に円高になる？」などを調べたり、家族で話し合ったりすることで、テキスト以上に深く学べるのです。

しかし、なかなかこういった学習をお子さん1人で行うことは難しいので、親御さんも一緒に調べたり、会話の中に取り入れたりしてください。難関校は、このようなテキストにない常

識や雑学を知っているかどうかを測る問題も多く出題されます。一見遠回りに思える学習が、後々の入試対策に貢献してくれるので、ぜひ取り入れてください。

　ちなみに、後期の**予習シリーズ**は説明ページがなくなり、「まとめ」「例題」「練習問題」という構成になります。「まとめ」に関しては、覚えるべきところは暗記マーカーで覚え、その上で「例題」「練習問題」に取り組みましょう。ただ、後期に関しては、そもそも予習をするよう言われない場合もあるので、塾の指示に従ってください。

復習

▷ 演習問題集

　前期の**演習問題集**は、まず「まとめてみよう！」を何も見ずに解きましょう（日曜の授業と平日の授業の間の宿題として出されることが多い）。間違えた問題の答えをそのまま写すお子さんがいますが、それではほぼ意味がありません。前後の文脈を含めて理解

> 麻布、武蔵、海城を志望する人は、「記述問題にチャレンジ！」に取り組もう

するためにも、わからない用語や間違えた用語は**予習シリーズ**「本文」で調べながら埋めてください。

「まとめてみよう！」は確実に暗記したいレベルなので、1週間に2回は確認したいところです。週テスト前に、もう一度取

り組むといいですね。

「練習問題」「発展問題」「記述問題にチャレンジ！」をどこまで取り組むかは、塾からの指示に従ってください。記述問題が出る麻布、武蔵、海城などを志望する場合は、「記述問題にチャレンジ！」に取り組みましょう。

　間違えたら、**予習シリーズ**「本文」で答えの根拠を探してください。**社会の学習は間違えた問題の答えを書き込むだけで、宿題をやった気になる子がいます。悪気なくやっているのでしょうが、それでは本人はがんばっているつもりでも成績が伸びません。**それを避けるには、「なぜ、その答えになるのか」を考えることが重要です。選択肢問題であれば、間違いの選択肢のどこがどうおかしいのか考えたり、資料を読み取って記述する問題であれば、資料のどの部分に注目すべきなのか考えたりしましょう。

　後期になると、難関校対策と有名校対策で分かれ、「まとめてみよう！」はなくなります。入試は、ただ知識を問うだけの問題は少なく、持っている知識を使って考える問題が出題されます。そういった問題に対応するためにも、指定された問題をしっかり解き、知識の使い方を学びましょう。解説がない問題もあるので、わからなければ先生に質問することも大切です。

ちゃんと宿題やってるのに社会の成績が伸びないんだよな…

どこがどう間違ってるか考えてる？

▷四科のまとめ

　入試までに絶対覚えておきたい知識が、「基本編」「発展編」という構成でまとめられています。

　「基本編」は、１つのテーマについて見開きページで学ぶ仕様です。左ページがテーマのまとめ、右ページが要点チェックと記述問題になっています。時間を測りながらテスト形式（１ページ10分ぐらい）で解くのがオススメです。

　「発展編」は、そこまで難しいわけではありませんが、少し切り口を変えて、より深い知識を学んでいきます。「基本編」と同じように、テスト形式で解きましょう。「基本編」も「発展編」も、空欄以外に覚えるべき用語があると考える場合は、一緒に覚えてください。

　また、「基本編」は夏休みが終わるまでに少なくとも一周しておきたいです。夏休み後は自分のペースを守りながら着実にこなしましょう。何周できるかは個々人のペースによりますが、他の科目とのバランスを考えた上で、できる限り進めてくださいね。

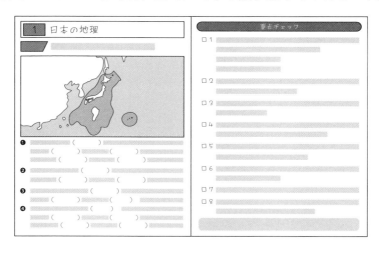

6年生
1週間のスケジュールサンプル

	6月9日 日曜日	6月10日 月曜日	6月11日 火曜日	6月12日 水曜日	6月13日 木曜日	6月14日 金曜日	6月15日 土曜日
07:00	算計算	算計算	算計算	算計算	算計算	算計算	算計算
07:30							
08:00							
08:30							
09:00							算演習問題集「ステップ①」
09:30							
10:00	週テスト直し						社演習問題集「まとめてみよう!」
10:30							
11:00				学校			国予習シリーズ「漢字とことば」[2]
11:30		学校	学校		学校	学校	
12:00							
12:30							
13:00							
13:30							
14:00							
14:30							
15:00	日曜授業 国語 算数 理科 社会						週テスト
15:30				算授業の復習			
16:00							
16:30		算予習シリーズ		国授業の復習		算授業の復習	
17:00							
17:30						国授業の復習	
18:00		社予習シリーズ「本文」	算数 国語 社会	社演習問題集「練習問題」「発展問題」「記述問題にチャレンジ!」	算数 国語 理科		算予習シリーズ
18:30						理演習問題集	
19:00	算授業の復習						
19:30				国予習シリーズ「本文」			
20:00		国予習シリーズ「本文」「ことばの学習」「漢字とことば」[1]					
20:30							
21:00							
21:30	算理社 四科のまとめ	算理社 四科のまとめ	算理社 四科のまとめ	算理社 四科のまとめ	算理社 四科のまとめ	算理社 四科のまとめ	算理社 四科のまとめ
22:00							
完了チェック							

■は塾の時間です　░░は先週分の宿題です

255

四谷大塚

6年生の
過去問演習と特別講習

① 過去問演習

「過去問演習」は、基本的には夏休みが終わってから取り組みます。学校や年数などは、お子さんの志望校や、校舎の指示で変わります。

9月に始めるのが一般的ですが、基礎が固まっていない場合は10月スタートでも問題ありません。**四科のまとめ**などで、基礎固めしてから取り組みましょう。

よ〜し、過去問やるぞ！

待って、基礎が固まってからよ！

最初は、併願予定の中で一番やさしい学校から解いてみてください。1つひとつ難易度を上げていき、10、11月に入ったら、第一志望校の過去問を解き始めましょう。第一志望校の傾向が変わらない限りは5〜10年分解いても構いませんが、具体的な過去問計画は塾の先生と相談しながら作成してください。

また、四谷大塚には過去問演習ナビというものがあります。これは、開成、桜蔭、筑駒、灘に関しての4教科分の解説がビデオで受けられる講座です。四谷大塚生で、これらの学校を受ける人

は受講しない理由がありません。

　ただ、それ以外が志望校の場合は、特別な講座があるわけではないので、基本的な直しや分析は自分で行うことになります。添削や相談は請け負ってくれるはずですが、不安な場合は個別指導塾や家庭教師をお願いするのも手だと思います。

2 特別講習

　6年生になると、通常授業以外に毎週日曜に行われる講座やオプション講座が増えます。それぞれの講習がどのようなものか、どのような人が受けるべきか、復習の方法などを説明します。

①学校別対策コース

　6年生の後期から、日曜日の授業が志望校別の対策講座に切り替わります。「学校別対策コース」は、開成・麻布・駒場東邦・武蔵・栄光・聖光・海城・早稲田・浅野・桜蔭・女子学院・雙葉・豊島岡・フェリス・浦和明の星・慶應・早実・渋渋・渋幕について開講されています。

　開成と桜蔭はGW以前に専用の選抜試験があり、その他の学校のコースは5月中旬に行われる選抜テストで基準を満たせば受講することができます（そこでダメでも、6月以降のテス

教室
入口

学校別対策コース
開成・麻布・駒場東邦・
渋渋・海城・早稲田・渋幕・
浅野・桜蔭・女子学院・
雙葉・浦和明の星・慶應・
早実・豊島岡・桜蔭・栄光・
聖光・女子学院

ここが学校別
対策コースか…

トでも受講資格は得られます）。

　大手塾の強みは、圧倒的な情報量による志望校の分析力です。そういった意味で、特に難関校対策は「学校別対策コース」をメインに行いましょう。

　また、志望校が「学校別対策コース」の対象ではない場合や、受講資格を満たせない場合は「過去問演習コース」があります。こちらは中堅から難関校の名前がついた講座が開講されています。そして、「学校別対策コース」も「過去問演習コース」も受講しないお子さんは、「入試実戦コース」を受講することになります。

　ちなみに、「学校別対策コース」と「過去問演習コース」はいつもの校舎ではなく、希望する学校のコースが開講している校舎に出向いて受講する形になります。「入試実戦コース」はいつもの校舎で受講できます。

　正直、復習に時間を割く余裕はほぼないと思います。なぜなら、日曜は翌週に向けた予習を始めなくてはいけないからです。苦手科目や、どうしても気になる問題を解き直すぐらいが関の山でしょう。

②春期講習

　春休み期間に実施される季節講習です。１日400分の授業時間があり、9：00～16：50（校舎によって異なる場合があります）で８日間実施されます。各教科とも、苦手な生徒が多い重要テーマについて扱います。

　開成、桜蔭を目指すお子さんは、開成、桜蔭特別講習が設けら

れているので、そちらを受講しましょう。

　復習としては、夕方に帰ってきて、その日の授業で間違えた問題の解き直しをするぐらいしかできません。真ん中に1日休みがありますが、正直、その日ぐらいはご家族で遊びに出かけられた方がよいと思います。入試に向けて遊べる機会はほぼなくなっていきますからね…。

③夏期講習

　四谷大塚は、夏に行う講習が2種類あります。夏休み前半は「夏期講習」、後半は「8月特訓授業」という名前です。

　「夏期講習」は、講習会判定テストを2回挟みながら、算数は基本事項の最終確認、国語は実戦的な読解演習、理科は基本事項の整理と「電気」「水溶液」を重点的に学習し、社会は地歴公民の基本知識を復習していきます。

　「8月特訓授業」は、過去問などから選ばれた問題を中心に取り組む演習中心の講習です。授業時間は春期講習と同じく9：00～16：50。「夏期講習」「8月特訓授業」をあわせると、26日ほど開

催されます。

　春期講習と同様、当日の復習をするのが基本です。ただ、夏休みに取り組んでもらいたいことは、やはり苦手克服と基礎力の向上です。様々な教材がありますが、**四科のまとめ**がオススメです。とにかく、夏が終わるまでに、算数・理科・社会に関しては、一周終えられるようにがんばりましょう。

　特に算数を何とかしたい場合は、毎週の週テストで間違えた問題を集めて直しをするのもかなりオススメ。夏期講習を受けて直しをするだけでもいいのですが、夏以降の過去問演習などに向けて、とにかく基礎力を身につけましょう。

④冬期講習

　いよいよ受験が迫りくる冬休みにも、当然講習が行われます。直前なので、基本は入試に向けた演習メインの総復習です。

　受験生には正月も休みはありません。必修ではありませんが、正月特訓が行われます。帰ってきたら、授業の復習をするにつきます。もし、穴が見つかったらすぐに手厚く復習をしてふさいでくださいね。

　さらに、冬期講習期間は過去問演習や基礎知識の整理など、それぞれに必要な学習も並行して進めてください。最後のひと踏ん張りです。

あれ、いないの？

お年玉をあげよう♪

お年玉

冬期講習よ

月例テストの成績を気にし過ぎない

　毎月、それぞれの4大塾ではクラス替えに影響する月例テストが開催されます。SAPIXならマンスリーテスト、日能研なら公開テスト、四谷大塚・早稲田アカデミーなら組分けテストです。高得点を取れるとクラスが上がり、モチベーションもアップするので、いい成績を取りたいお子さんがほとんどでしょう。

　それ自体は問題ないのですが、月例テストで成績を取ることを意識し過ぎると、4科目をまんべんなくがんばらなくてはいけません。「それの何が悪いんだ?」と思うかもしれませんが、中学受験では4教科の重要度は等しくありません。

　まず、理科・社会は、算数・国語と比較して配点が低い学校がほとんどです。また、合格者平均点と受験者平均点を比較すると、最も差が大きい科目は算数であることがほとんどです。そのため、「合否を分ける」という意味で算数が最も重要であり、理科・社会は比較的重要ではないと言えます。

　ところが、月例テストで成績を出すためには、理科・社会も含めて努力しなくてはいけません。しかも、理科・社会で点数を取るためには、重箱の隅をつつくような細かい知識まで暗記する必要があります。残念ながら、そこで覚えた知識は忘れてしまう可能性が高い上に、覚えるためにかなりの労力を要します。

　理科・社会は、6年生前期までは毎週の内容をしっかりこなし、6年生後期から細かい知識を覚えていけば入試に間に合います。月例テストの点数にこだわり過ぎるあまり、最も大事な算数よりも理科・社会の細かい知識を暗記することに注力するような学習は避けたいのです。

　もちろん、月例テストが勉強のモチベーションになっているお子さんに「がんばってはいけない」とは申しません。しかし、長期的な視点に立つと、重要なのは算数・国語であるということは頭に入れておいてください。

第 5 章

早稲田アカデミーの
合格サポート戦略

小学校4・5年生の国語

①ポイント

　早稲アカの教材は、四谷大塚でも利用されている**予習シリーズ**をメインに利用します。ただ、四谷大塚と異なり、復習主義（反復主義）なので、授業前に予習をする必要はありません。

　4・5年生の**予習シリーズ**は、書いてある文章を読んで、理解できたら、あまり苦労することはないでしょう。

　ただ、それが簡単にできるようなら誰も困りません。例えば論説文の場合、指示語や接続語の理解、抽象的な文章と具体的な文章の読み分けなどができて、はじめて論理的に読むことができます。ところが、4・5年生のお子さんの多くは"感覚"で解いています。

　予習シリーズは、そんなお子さんが論理的に文章を読むための説明をしっかりしてくれます。読解問題をただ解くだけでは国語力は伸びないので、説明をしっかり理解し、読解に反映できるように努力してください。

　また、4・5年生は基礎固めが何より大切なので、漢字や知識については必ず取り組みましょう。この時期に漢字や知識をおろそかにすると、6年生になって巻き返すのは難しいと考えてください。

② 主な教材

予習シリーズ	授業で主に使用する教材。その週の単元の説明と文章題が載っている。
演習問題集	家庭学習用の演習型教材（必修副教材）。
漢字とことば	漢字と語彙に関する問題集（必修副教材）。
最難関問題集	開成・桜蔭などの最難関校向けのトレーニングを早期から始めるための問題集（選択副教材）。
予習ナビ	毎週配信される、その週の単元の動画授業。

③ 授業

　4年生は100分授業が週1回、5年生になると100分授業が週2回になります。

　国語力が最も伸びるのは授業中です。授業をいかにしっかり聞くか。そして、**予習シリーズ**に沿って説明される内容を理解できるかが非常に重要です。家庭学習ではどうしてもただ解くだけになってしまうので、できる限り授業には集中したいところですね。

　ご家庭でのサポートは、文章に書いてあることや、言葉の意味、場面のイメージなどは説明できても、文章の線の引き方や問題の解き方まで説明するのは難しいと思います。

　ですので、授業の時間こそが

なぜ、主人公は
ゾウの子どもを
助けようと
思ったのでしょう？

勝負です。問題解説の際には、どのようなプロセスで問題を解く
のか。このあたりをしっかり理解した上で、家庭学習に取り組む
ようにしましょう。

4 学習の進め方

▷ 授業の復習

　授業後か翌日に、塾で扱った問題の解き直しを行います。そ
の際、先生に教えてもらった解き方を思い出しながら、再現す
るように解き直してください。読解の復習は、宿題として出な
いかもしれませんが、余裕がある場合はぜひ取り組みましょう。

▷ 演習問題集「基本問題」「発展問題」

　演習問題集「基本問題」、あるいは「発展問題」が宿題とし
て指定されることが多いです。

　４・５年生のうちは文章を音読し、大事なところに線を引く
などしてしっかり読みましょう。その上で、問題を解きます。

　直しをする際は、必ず解説を読みながら行ってください。問
題を解くための思考の流れが書
いてあるので、それを意識しな
がら復習しましょう。

　国語が苦手なお子さんの場
合、「直しをしなさい」と言っ
ても、なかなか効率的に復習で
きないことが多いです。そのた
め、国語の直しは、親御さんと

一緒に取り組むことをオススメします。

▶ 予習シリーズ「ことばの学習」

予習シリーズの各週分の後半には、言葉の知識を学習するページがあります。最初に説明があり、その後に問題という構成です。

まずは、説明を音読して問題を解きます。その上で、間違えた問題は説明部分を参考に直しましょう。

また、言葉の知識を覚えるのが退屈（たいくつ）だったり、理解が難しかったりする単元もあります。説明の音読だけで理解しづらい場合は、**予習ナビ**を参考にしてもいいでしょう。

ただし、早稲アカは四谷大塚よりも先にカリキュラムが進む傾向があり、**予習ナビ**の配信ペースと合わない場合もあるので、ご注意ください。

▶ 漢字とことば

漢字と言葉の学習についてまとめられており、「新出漢字」「確認問題」「ことばの知識」という構成です。

「新出漢字」は、正しい漢字の形や書き順を理解した上で、練習用のマスに書きます。用例もしっかりチェックし、意味と使われ方を知ることで漢字の推測力が養われます。また、各漢字の練習問題にも取り組み、しっかり書けるよ

うにしましょう。

「確認問題」は、その週の漢字を含んだ書き取り問題が40問あります。すべて解いた上で丸付けを行い、間違えた漢字は複数回書いて覚えましょう。その際、知らない熟語は意味調べもします。地道な取り組みが語彙力を形成していきます。

「ことばの知識」は、説明をしっかり読んで問題を解くシンプルな取り組み方でいいです。

　これらを、1週間にどんなペースで進めるかについては、「1日見開き1ページ」でルーティーン化すると取り組みやすいでしょう。1週間分のページ数は、だいたい見開き5ページほど。そのため、毎日行うと週の後半には二周目に入ることができます（「1日見開き1ページ」だと切りのいいところで終わらない場合は、4〜5日ほどで一周できるように進めてください）。

　二周目は、「新出漢字」の練習問題と「ことばの知識」の練習問題に取り組んでください。間違えた問題のみ直すのもいいですが、余裕があれば1回目に正解した問題も含めテスト形式で直すといいでしょう。

268

小学校4・5年生の算数

❶ ポイント

　早稲アカの特徴として、4大塾の中でも宿題が非常に多いです。それが最も顕著な科目が「算数」です。類題として宿題がたくさん出されます。反復して定着させていく学習スタイルのため、演習を多くこなすことで学力をアップさせます。お子さんが「解いて、解いて、解きまくる」ことができるタイプであれば、そのたびに計算力もつき、着々と成績を上げることができるでしょう。

　カリキュラムは予習シリーズに沿っており、5年生までに全単元を学習することになっています。これは思った以上に速い進度です。その上、宿題も多いので消化しきれず、身につかないまま次の単元に移って置いてきぼりの生徒も少なくありません。

　そのため、ご家庭での宿題のコントロールが重要です。お子さんには難しい量の宿題が出されている場合、基礎的な問題を中心に量を絞りましょう。最難関を目指すなら、大量の宿題を解き進めることで実力をつけてほしいですが、算数が苦手なら宿題を絞って無理のない範囲で進められるようにサポートしてください。

　実際、私の運営する個別指導塾では、算数が苦手な早稲アカ生の場合、まずは宿題内容を見直します。なかなか手が回らない、解いた問題を定着させられないなら、取捨選択が重要です。

❷ 主な教材

予習シリーズ	授業で主に使用する教材。その週の単元の例題や詳しい解き方などが載っている。
演習問題集	家庭学習用の演習型教材（必修副教材）。
計算	計算と一行問題を繰り返し学習する教材（必修副教材）。
最難関問題集	開成・桜蔭などの最難関校向けのトレーニングを早期から始めるための問題集（選択副教材）。
週テスト問題集	土曜日に行われる週テストの過去問。
予習ナビ	毎週配信される、その週の単元の動画授業。

❸ 授業

　4年生は100分授業が週1回、5年生は100分授業が週2回です。新単元の導入がメインで、演習時間もあります。

　4・5年生で算数の全単元をひと通り学びます。5年生に上がるタイミングで単元が難しくなり、通塾日数も宿題も大幅に増えるので、家庭学習だけでなかなか消化しきれないのが現実です。

　そのため、授業でどこまで基本を理解できるかがカギとなります。対策は「積極的に授業参加する」こと。先生がみんなに質問したら発言する、その場で解くよう指示された問題をまず自力で解いてみる。それにより、解説を受けた時に「そういうことか！」という感動が生まれます。その感動が印象に残ることで、授業内容の吸収力を高めてくれます。

　しかし、積極的に授業を受けて、時間内でマスターできる子はひと握りです。「授業で何を聞いていたの？」と言いたくなる生徒もいます…。お子さんがそのような場合、少しでも予習しておくのも手です（塾で推奨されているわけではありませんが…）。

④ 学習の進め方

▷演習問題集

　家庭学習のメインである**演習問題集**は、「反復問題（基本）」「反復問題（練習）」「トレーニング」「実戦演習」という構成です。どの範囲をどのくらいやるかは、校舎やクラスごとに指示が出ます。

　「反復問題（基本）（練習）」は、**予習シリーズ**「基本問題」「練習問題」の類題です。余裕があれば全部解き直したいですが、難しいなら**予習シリーズ**で間違えた問題の類題だけでもやりましょう。

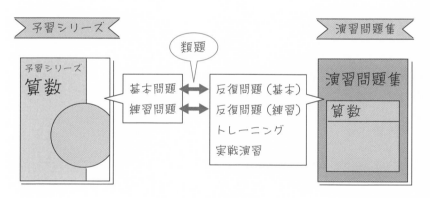

　「トレーニング」は、その週の単元で最も基本的かつ重要な問題を扱います。算数の偏差値45以下なら「トレーニング」だけは毎週完璧にする、といった目標でも構いません。

　「実戦演習」は、**予習シリーズ**「練習問題」以上の難易度の問題です。偏差値55〜60以上のさらに上を目指すお子さんはぜひ取り組みましょう。ただし、**演習問題集**のそれまでの問題をクリアしている前提です。

解き直しも必ず行ってください。「そんなの当然だろう」と思うかもしれませんが、これができていない人が非常に多いのです。まず、間違えた問題の解説を読み、「理解できた」と思ったら"何も見ず"に解き直しを行います。解説やノートを見ながら解き直した"つもり"になっていないでしょうか。**間違えた問題を何も見ずに解けるようになるまでが、「解き直し」だと考えてください。**

▷計算

　計算問題と一行問題がセットになったテキストです。1週間分が7ページ構成なので、毎日の習慣として取り入れてください。

　ちなみに、最後の2問は「レベルアップ！」という問題になっており、数値設定が複雑になっているなど、やや難しくなっています。

小学校4・5年生の理科

1 ポイント

　早稲アカでは、理科は4・5年生で全単元を学びます。基本的には四谷大塚の**予習シリーズ**を使いますが、早稲アカのオリジナルである**練成問題集**も併用します。

　早稲アカが復習主義で演習量が多いということは「小学校4・5年生の算数」でも説明しましたが、その特徴が4・5年生の理科の学習にも表れています。

　理科には暗記メインの単元と計算メインの単元がありますが、計算メインの単元に関しては、問題をたくさん解くことはかなり効果的です。一方の暗記メインの単元は、たくさんの問題を解くだけでは効果が弱いです。**理科の暗記において重要なのは、ポイントを押さえてラクに覚えること。**

　例えば、人体の単元で主要な血管の名前を覚える時、ただ丸暗記するのではなく、心臓から出る血液が流れる血管は「動脈」、心臓に戻る血液が流れる血管が「静脈」、全身につながる血管は名前に「大」がつく、臓器とつながる血管はその臓器の名前がつく、などを頭に入れておきます。それを理解していると、「これは心臓から出た血管が肺につながっているので肺動脈だな」というようにわかるのです。

暗記においては、概要をとらえた上で詳細を理解していく考え方が特に重要です。もちろん、授業でもそのようなポイントは教えてくれますが、家庭学習でサポートする際にも意識できるといいですね。

2 主な教材

予習シリーズ	授業で主に使用する教材。その週の単元の解説文、図や画像が載っている。
演習問題集	家庭学習用の演習型教材（必修副教材）。
練成問題集	早稲田アカデミーオリジナルの演習型教材。
週テスト問題集	土曜日に行われる週テストの過去問。
予習ナビ	毎週配信される、その週の単元の動画授業。

3 授業

4年生は50分授業が週1回、5年生になると100分授業が週1回あります。**予習シリーズ**を用いながら、その単元の重要な部分についての説明を受けます。

理科は、イメージすることが非常に大事な科目です。例えば、「てこ」の単元の「片側におもりが吊るされた棒がつり合うためには、どこに別のおもりを乗せればいいか」という典型問題で瞬時にイメージできると、理解度に大きな影響を及ぼします。そ

れは日頃洗濯物を干す手伝いをしていれば、イメージしやすいことです。そういった日常生活の経験の中で培われていくものでもあります。

　また、先生のちょっとした雑談の中にも、イメージのヒントはたくさんあります。それをメモしておくと、家庭学習の際に思い出しやすくなります。

　ただ、授業で理解し切れない部分もあると思います。その場合は、たっぷりある復習用の教材をしっかりこなし、図鑑やYou Tubeでイメージしながら習得しましょう。

④ 学習の進め方

▷予習シリーズ

　予習シリーズは授業で主に用いる、その週の単元の教科書的な教材です。まずは、授業内容をしっかり思い出しながら「本文」を音読しましょう。その際、図や写真などは必ず確認してください。理科の学習において、イメージの重要性は、これまでお伝えしている通りです。文章で書かれている内容と、図や写真をひもづけることで、より良い学習になります。

凸レンズから
焦点までの距離
…焦点距離！

　その週の内容で覚えるべき用語は太字になっていますが、ただ音読するだけでは、それらを覚えることは難しいと思います。暗記マーカーを使って学習しましょう（82ペー

参照)。

　特に計算が多い単元は、原理原則を理解してください。一度読んでも理解できないなら、何度も読み返すか、親御さんと一緒に意味を考えてください。

　計算の単元は根本を理解していないと、たまに間違った解き方で正解することがあります。それでは、当然解けない問題も多数出てきます。「前はこのやり方でできたのに、なんで正解じゃないんだ！」となって苦手意識が増え、その単元が嫌いになってしまいます。

　だからこそ、原理原則の理解が重要なのです。「本文」の内容で、どうしてもご家庭で解決できない部分があったら、塾の先生に質問するなどして解決しましょう。YouTube などの解説動画もたくさんあるので、質問下手のお子さんは見てみてください。

　そして、「今回のポイント」を読んで重要な点を確認した後に、「要点チェック」に取り組みます。これは要点をおさらいするための問題です。「本文」をしっかり読むことができていれば解けるはずです。間違えた問題は「本文」に戻って確認してください。

▶演習問題集

　演習問題集は、**予習シリーズ**の家庭学習用教材です。「まとめてみよう！」「練習問題」「発展問題」という構成になっています。

　まずは、「まとめてみよう！」に取り組み、その週の基本的な用語について学習してください。全問解き、間違えた用語については**予習シリーズ**「本文」を確認して、答えを考えましょう。

　「練習問題」「発展問題」は、宿題として出された部分を取り組んでもらいたいのですが、まずは「練習問題」をしっかり取り組みます。間違えた問題は、解説があればしっかり読み、解説がなければ**予習シリーズ**の内容をヒントに納得するまで考えてください。

　「発展問題」は、宿題として出されていても、「練習問題」でつまずいている場合は、取り組まなくても大丈夫です。基礎固めを優先しましょう。

　理科の演習をする時の重要な点は、「とにかく本質を理解して進める」ということ。当然のことだと思われるかもしれませんが、ほとんどの生徒はできていません。

　例えば、「沈んだ物体に対して、どのくらいの浮力が働くの？」という質問に、上位クラスでも正確に答えられない子が多いです。「押しのけられた液体の体積」などと間違えるのです（正しくは「押しのけられた液体の重さ分」）。

　厄介なことに、理科には中途半端に間違えて覚えた知識でも対応できる問題があるのです。そうなると、自分が正しいと思

っている考え方で解ける問題と解けない問題があることになり、理科嫌いになりかねません。「なぜそうなるのか？」という本質を理解した上で解くことを強く意識しましょう。そのために、**予習シリーズ「本文」**をしっかり読むことが重要なのです。

グラスに卵が入ると、水かさが増えて…

▷ 練成問題集

練成問題集は早稲アカのオリジナル演習教材ですが、**予習シリーズ**に沿った内容です。具体的には、「トレーニング問題」「基本問題」「練習問題」で構成されています。

「トレーニング問題」はその週の最も重要な用語の確認問題、「基本問題」は標準的なレベルの問題、「練習問題」は主に記述対策の問題です。どこまで宿題に出るかは、校舎やクラスによって異なるので、基本的には指示に従って取り組みましょう。

お気づきの方もいると思いますが、**演習問題集**と**練成問題集**は役割が重なっています。演習形式の家庭学習用教材という意味でほぼ同じです。早稲アカの反復主義の表れと言えます。

すべてやり切れなくても大丈夫です。あくまでも、基本を中心に取り組みましょう。塾から指示される宿題が多いと感じる場合は、**演習問題集のみ**。また、**練成問題集「トレーニング問題」**のみなど臨機応変な取り組み方をオススメします。

　ちなみに、理科では教材の種類の多さはありがたい面もあります。特に、計算単元は同じ問題を何度も解いていると、答えを覚えてしまって練習にならなくなります。そのため、解いたことのない問題があると大いに助かります。宿題を解く中で、「ここはもう少し強化したいな」という部分を補強するために使うといいですね。

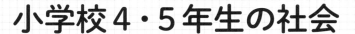

小学校4・5年生の社会

① ポイント

　4年生から5年生の夏休みまで地理分野を学習し、9月から5年生の終わりまで歴史分野を学習します。

　理科と同じく、**予習シリーズ**に加えて**練成問題集**という塾オリジナルの演習教材が用意されています。**予習シリーズ**の内容をしっかり頭に入れた上で、**演習問題集**と**練成問題集**に取り組むことができたら、着実に社会の知識をつけることができます。

　また、日々の生活での会話や、旅行で訪れた場所などから、社会の知識を学ぶことは非常に重要です。実際に得られる知識量は多くありませんが、日常から学ぶ感覚がその後の学習効率を高めてくれることは間違いありません。さらに、夏休みのうちに歴史マンガを読んでおくと、全体像をつかんだ上で歴史学習に入ることができるのでオススメです。

② 主な教材

予習シリーズ	授業で主に使用する教材。その週の単元の解説文、図や画像が載っている。
演習問題集	家庭学習用の演習型教材（必修副教材）。

練成問題集	早稲田アカデミーのオリジナル演習型教材。
週テスト問題集	土曜日に行われる週テストの過去問。
予習ナビ	毎週配信される、その週の単元の動画授業。
都道府県マスター	都道府県を覚えるためのオリジナル教材（小４のみ）。

3 授業

　４年生は50分授業が週１回、５年生は100分授業が週１回です。**予習シリーズ**を用いながら、講義形式でその単元の重要な部分についての説明を受けます。授業中はテキストに載っていない雑談も話されるので、その内容をしっかりメモしながら受けるといいでしょう。

　カリキュラムとしては、４年生のうちは地理の基本を学びます。とにかく「授業が楽しい」という感覚になれば十分です。都道府県や、山地山脈などの最低限の知識を確立しましょう。

　５年生の１学期は日本地理、水産業・工業などの産業別地理、最後に地方別地理という順番で学習し、２学期以降で歴史に入ります。５年生になると実戦的な地理を学ぶので、アウトプットを意識しながらの授業になります。解き方や考え方などのアドバイスをしっかり吸収して、ただの暗記にならないようにしましょう。

４年のうちは授業を楽しみながら知識を身につけよう！

関東地方は東京都、神奈川県、千葉県、埼玉県……

④ 学習の進め方

▷予習シリーズ

　予習シリーズはその週の内容がまとめられた教材で、授業で主に用いられます。まずは、「本文」の音読から進めていきます。また、社会の問題では、重要な図や写真を知らないと解けない問題も多数出題されます。文章を読みながら、テキストの図や写真にも目を通しましょう。地理であれば、各地の地形、特産品、輸出入量ランキング、雨温図など。歴史であれば、肖像画、絵画、仏像など。

　太字の重要語句は、定番の暗記マーカー活用法で覚えてください。しかし、**マーカーで引いた部分だけ覚えるようではよくありません。どうしても用語の暗記のみになりがちですが、大切なのは「文章の中で覚える」ということ。**

　例えば、「1600年に関ヶ原の戦いが起きた」だけを覚えても仕方がありません。豊臣秀吉の死後に、天下をめぐって徳川家康と石田三成が戦うことになったわけです。そういった文脈を理解しながら、用語を覚えることが重要なのです。

「本文」をしっかり読めたら「今回のポイント」を読み、その後、「要点チェック」に取り組みます。間違えた問題は、「本文」から答えを探すようにするといいでしょう。

▶ 演習問題集

演習問題集は、予習シリーズの家庭学習用教材です。「まとめてみよう！」「練習問題」「発展問題」「記述問題にチャレンジ！」という構成になっています。

まず、その週の内容が穴埋め形式の問題になっている「まとめてみよう！」に取り組んでください。毎週完璧に用語を暗記するために、1週間のうちに3回ほど取り組みましょう。

その際に**重要なのは、「漢字まで含めて覚える」**こと。社会は基本的な知識に関しては、漢字で答えられる必要があります。

社会は常用漢字以外が使われている用語も書けないといけません。新潟県の「潟」、墾田永年私財法の「墾」などが典型ですね。

ただ、社会の用語を漢字で覚えようとしないお子さんは少なくありません。しかし、そのまま放置すると、6年生になってから、漢字含めて覚え直すというのは、かなり厳しいです。そうならないように、4・5年生のうちから漢字で答えられるようにしましょう。

「まとめてみよう！」が終わったら、問題演習です。「練習問題」「発展問題」「記述問題にチャレンジ！」のうち、どれに取り組むのかはクラスの指示に従ってください。直

743年に制定された、自分で開墾した土地は永遠に自分のものになる法律は？

「こん」も漢字で書けないと！

こん田永年私財法！

しの際には、**予習シリーズ**「**本文**」なども参考にしながら進めるといいですよ。

▷練成問題集

　　練成問題集は、早稲田アカデミーのオリジナル演習教材です。予習シリーズに沿った内容で、理科と同様、「トレーニング問題」「基本問題」「練習問題」という構成になっています。

　　どの成績のお子さんも、「トレーニング問題」は毎週完璧にしましょう。最低限覚えなくてはいけない社会の用語が取り上げられているので、難しい漢字も含めて覚えてください。１週間に何回か復習して確実にしましょう。

　　基本的な用語を覚えるための教材としては、**演習問題集**「まとめてみよう！」と、この**練成問題集**「トレーニング問題」の２つがあります。仮に、片方しか宿題に出なかったとしても、どちらも完璧に覚えてください。

　　「基本問題」「練習問題」をどこまで取り組むかは、基本的に指示に従いましょう。

今日の宿題は
社会の演習問題集
「まとめてみよう！」
だけで大丈夫です

…って先生は
言ってたけど
鍛錬問題集の
「トレーニング
問題」も
やるぞー！

早稲田アカデミー

4年生
1週間のスケジュールサンプル

	6月10日 月曜日	6月11日 火曜日	6月12日 水曜日	6月13日 木曜日	6月14日 金曜日	6月15日 土曜日	6月16日 日曜日
07:00	算計算	算計算	算計算	算計算	算計算	算計算	算計算
07:30	国漢字とことば	国漢字とことば	国漢字とことば	国漢字とことば	国漢字とことば	国漢字とことば	国漢字とことば
08:00							
08:30							
09:00							
09:30							
10:00						カリキュラムテスト対策	カリキュラムテスト直し
10:30							
11:00			学校				
11:30	学校	学校		学校	学校		
12:00							
12:30							
13:00							
13:30							
14:00							
14:30							
15:00						カリキュラムテスト（隔週）	
15:30							国演習問題集
16:00							
16:30			算授業の復習		国授業の復習		
17:00		算数理科			国予習シリーズ「ことばの学習」		
17:30					社予習シリーズ		
18:00	理練成問題集			国語社会	社演習問題集		
18:30			国予習シリーズ				
19:00	社練成問題集				算演習問題集		
19:30			国演習問題集				
完了チェック							

■ は塾の時間です　　■ は先週分の宿題です

5年生
1週間のスケジュールサンプル

	6月10日 月曜日	6月11日 火曜日	6月12日 水曜日	6月13日 木曜日	6月14日 金曜日	6月15日 土曜日	6月16日 日曜日
07:00	算計算	算計算	算計算	算計算	算計算	算計算	算計算
07:30	国漢字とことば	国漢字とことば	国漢字とことば	国漢字とことば	国漢字とことば	国漢字とことば	国漢字とことば
08:00							
08:30							
09:00							
09:30						カリキュラムテスト対策	カリキュラムテスト直し
10:00							
10:30							
11:00			学校				
11:30	学校	学校		学校	学校		
12:00							
12:30							
13:00							
13:30							
14:00							
14:30							
15:00						カリキュラムテスト(隔週)	
15:30							
16:00							
16:30				理予習シリーズ太字暗記			
17:00		算授業の復習		理予習シリーズ「今回のポイント」「要点チェック」			理練成問題集
17:30		国授業の復習		理演習問題集		算授業の復習	
18:00	算数 国語	国演習問題集「基本問題」「発展問題」	理科 社会		算数 国語		
18:30				社予習シリーズ太字暗記			社練成問題集
19:00		国予習シリーズ「ことばの学習」		社予習シリーズ「今回のポイント」「要点チェック」			
19:30				社演習問題集			
20:00			社予習シリーズ「本文」				
20:30			社予習シリーズ「本文」				
完了チェック							

■ は塾の時間です　■ は先週分の宿題です

早稲田アカデミー

小学校6年生の国語

5

早稲田アカデミーの合格サポート戦略

① ポイント

　メイン教材である**予習シリーズ**に沿って授業が進められます。5年生までは、読解に必要な読み方・解き方について学んだ上で読解問題に取り組んでいました。6年生になると、毎週設定されるテーマを題材とした文章の読解に取り組みます。

　中学受験で頻出のテーマと言えば、物語文は「友情」「家族愛」「師弟関係」「片親」など、説明文・論説文は「環境問題」「哲学」「言語論」「文化論」などです。これらのよく出るテーマについての一般的な論を学ぶことで、文章を読んだ時に、「この話聞いたことある！」と思うことができ、理解しやすくなります。

　このように、6年生の**予習シリーズ**では、ただ問題を解くだけではなく、中学受験・国語における「常識」を身につけながら取り組んでください。

② 主な教材

予習シリーズ	授業で主に使用する教材。その週で学ぶテーマについての説明や文章題、知識問題が掲載されている。
演習問題集	家庭学習用の演習型教材。後期から難関校対策と有名校対策という2つのレベルに分かれる（必修副教材）。

最難関問題集	開成・桜蔭などの最難関校向けのトレーニングを早期から始めるための問題集（前期のみ）。
予習ナビ	毎週配信されるその週の単元の動画授業。
四科のまとめ	これだけは押さえておきたい最重要事項のまとめ。

③ 授業

　平常授業は週2回で、1コマ100分です。この点は、5年生と変わりません。ただ、日曜日には志望校別の講座があり、そこでも国語があります（詳しくはオプション講座で説明します）。

　6年生になると、実戦的な読解に関する授業が中心になります。解説をしながら、問題を解く際のポイントが説明されます。このポイントをいかに自分のものにできるかが重要です。国語を論理的に解くためには、先生の話や解説を参考にしながら、解き方のプロセスを固定することが大切です。

国語は
「感覚的」ではなく、
「論理的」に
解きましょう

いつも感覚で
解いてる…ヤバい

④ 学習の進め方

▷授業の復習

　授業の翌日には復習を行いましょう。塾から、どの問題を復習するか指示されると思いますが、オススメの復習方法を紹介しておきます。

まずは、本文を音読します。この時、わからない語句に関しては、しっかり意味調べをしておきます。小さな努力の積み重ねが重要です。

　また、線の引き方など注意すべきポイントを意識しながら読むことも大切です。

　次に、授業で間違えた問題に取り組みます。その際、先生の解説を思い出しながら、答えを出すまでのプロセスを復習してください。解答を写して直したつもりになっている生徒がよくいますが、答えよりも「どのようにして解答に行きついたのか」の方がはるかに重要です。

▶ 予習シリーズ「ことばの学習」

　毎回、**予習シリーズ**の最後には、知識に関する説明と問題があります。説明部分を読み、問題に取り組みましょう。「ことばの学習」で扱うような語彙や知識問題は、入試の配点が高くないので、どうしても後回しになってしまう方も多いと思います。ですが、**そもそも読解をする時に語彙力は必ず必要になりますし、配点が低くとも入試における5点10点はバカになりません。**

　しかも、語彙力は一朝一夕に身につくものではないので、コツコツ積み上げていくことが重要です。国語力の底上げのために、必ず毎週の範囲分を覚えるようにしましょう。

▶ 演習問題集・最難関問題集

　家庭用教材として、**演習問題集**と**最難関問題集**があります。**最難関問題集**は、文字通り最難関を目指すお子さん向けです。

塾で指示された教材に取り組んでください。

　まずは自力で解き、直しをする際に解説をしっかり読みましょう。何度も言うようですが、**国語は答えを出すまでのプロセスを学び、論理的に解けるようにすることが重要です**。解説にはそのためのヒントが書いてあるので、十分に読んで他の問題演習で役立てましょう。

　例えば、選択肢問題を解く場合、「選択肢を読む前に本文に戻り、問われていることに対して答えを考える」→「選択肢を比較していく」というのが正しい流れです。しかし、答えを考える前に選択肢を読んで、その中で比べようとするお子さんが多いのです。

　原因は、国語という科目が、我流でも"ある程度"の点数が取れてしまうからだと思います。ただ、読解の選択肢問題は正しい解き方や読み方のコツを習得すれば、（特殊なものでない限り）満点を取ることも可能なのです。

　演習問題集でも、「こういう問題はどう解けと教えられたっけ…」と思い出しながら解くようにすると確実に力がつきますよ。

1. 問題で問われていることに
　対して答えを考える
　↓
2. 選択肢を比較する

▷ 漢字とことば

　漢字と言葉に関する学習が1冊にまとめられている教材です。新出漢字はなく、毎週40問の「中学入試頻出漢字」とい

う書き取り問題があります。
テスト形式ですべて取り組み、間違えた漢字は3回ずつ練習しましょう。

また、知らない単語やあやふやな熟語は意味を調べてください。そういった地道な取り組みが、語彙力を作っていきます。

言葉の学習については説明を読み、問題に取り組みます。間違えたものは、説明文を参考に直していきましょう。

翌週に確認テストが行われるので、しっかり取り組んで9割以上の得点を目指してください。

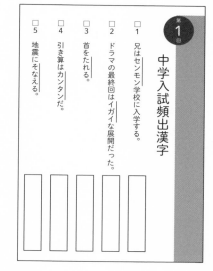

第1回

中学入試頻出漢字

1 兄はセンモン学校に入学する。

2 ドラマの最終回はイガイな展開だった。

3 首をたれる。

4 引き算はカンタンだ。

5 地震にそなえる。

▷四科のまとめ

四科のまとめは、入試に必要な基礎知識がまとめられた教材です。国語に関しては、「文章読解編」と「言語要素編」に分かれています。

校舎やクラスごとに様々な指示が出るでしょうが、オススメの取り組み方をお伝えします。

まず「文章読解編」は、読解に自信のない、いわゆる国語が苦手なお子さんは取り組みましょう。読解の基本的な技術を、あらためて学ぶことができます。夏休みまでにコツコツ取り組んで、ひと通り終わらせるように進めてください。

「言語要素編」は、いわゆる知識系の問題なので、学力問わず

すべてのお子さんが取り組むべきです。ペースとしては、夏休みまでに一周終えられるように。間違えた問題には印をつけて、夏休み以降にできる限り二周三周と反復していきましょう。

　ただ、ここまで説明しておいてなんですが、**国語の四科のまとめは、そこまで優先度は高くありません。それよりも、算数の基礎や、理社の暗記をメインに据えた方がいいでしょう。**その上で、余裕あるお子さん、とにかく漢字や熟語などの知識をなんとかしたいお子さんは取り組んでください。

それより、算数の
基礎固めを優先
しましょう

国語
四科の
まとめ

小学校6年生の算数

1 ポイント

6年生の算数に関しては、**予習シリーズ**のカリキュラムに沿って進みますが、オリジナル教材もいくつか使用します。とりわけ、**夏休みに配布されるバックアップテキストを完璧に解けるようになれば、偏差値55は堅いでしょう。算数が苦手なお子さんは、とりあえずこれをコンプリートすることを目標にしてください。**

逆に、算数が得意なお子さんは、宿題には出ないかもしれませんが、**最難関問題集**がオススメ。ハイレベルな応用問題に触れられるので、宿題が物足りない場合は試してみてくださいね。

時期ごとに言うと、夏休みまでは4・5年生と同様に、宿題をこなしながら毎週の単元をしっかり復習します。その後、夏休みに入ったら、夏期講習を受けながら**バックアップテキスト**をやり込んで基礎を固めていきます。夏休みが終わるまでに終えておくのが理想ですね。

9～10月は、夏休みにやりきれなかった分の基礎固めをしつつ、過去問演習という流れになります。難関校を目指す子は過去問を解きながら応用問題に慣れていき、中堅校を目指す子は相変わらず基礎固めを徹底して行うというイメージです。

算数は入試で最も差が出る科目と言われます。早稲アカ生らし

く、とにかく演習をこなし、基礎を固めて、算数で全体を引っ張っていけるようにがんばりましょう。

2 主な教材

予習シリーズ	授業で主に使用する教材。その週の基本的な例題や詳しい解説と演習用の問題が掲載されている。
演習問題集	家庭学習用の演習型教材。後期から難関校対策と有名校対策という２つのレベルに分かれる（必修副教材）。
最難関問題集	開成・桜蔭などの最難関校向けのトレーニングを早期から始めるための問題集（前期のみ）。
上位校への算数	STANDARDとADVANCEという２つのレベルに分かれている塾オリジナルの教材。
バックアップテキスト	基礎的な問題が掲載されていて、これだけは完璧にしたい塾オリジナルの教材。
四科のまとめ	全単元の基本問題をまとめた教材。

3 授業

　平常授業は週２回あり、１コマ100分となっています。基本的には、**予習シリーズ**に沿った授業です。加えて、夏以降は**上位校への算数**や**バックアップテキスト**などのオリジナル教材を使いながら、演習中心の授業が展開されます。

　復習主義（反復主義）の方針のため、授業中は積極的に発言し、問題をちゃんと解くことで塾でなるべく吸収し、家庭で復習する流れを定着させます。授業でわからなかった問題に印をつけておくと、効率よく復習できるでしょう。

　どの教材を使うかは講師の裁量にまかされており、校舎やクラスごとに異なることがよくあります。もし、お子さんがそれらの

教材と合わなかったら、授業で指定されていない教材を使ってみてください。早稲アカのオリジナル教材や**演習問題集**、**週テスト問題集**などを購入して、家庭学習に取り入れてみましょう。

④ 学習の進め方

▶授業の復習

授業の翌日は間違えた問題について、復習しましょう。その際に重要なのは、「習った解き方で解く」ということ。授業中に解説される入試に対応するための典型問題は、習った解き方を使わないと応用が利かないことがあります。

例えば、下図（左）のような立体切断の単元で扱う基本問題なら、解き方を身につけていなくても、なんとなく感覚で解くことができるかもしれません。しかし、「同一平面上の点を結ぶ」「平行面に平行線を引く」「迷ったら延長」という３大原則（先生によって表現は異なります）を理解した上で解くようにしないと、下図（右）のような少し複雑な問題では解くのが難しくなるでしょう。

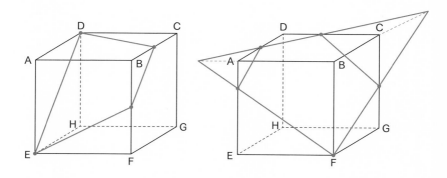

塾の教材に載っている問題、解き方は入試問題を見据えて作られています。授業で教えられた解き方を、できる限り再現するように直しをしてください。

また、授業中に集中できていない、先生の説明がよくわからないなどの理由で解けない時は、解き直す前に解説をしっかり読み、理解できたら何も見ずに解いてみましょう。

▷ 演習問題集

演習問題集は、家庭学習用の教材です。ステップ①〜③の構成になっており、それぞれ基本、練習、発展レベルの問題が出題されています。

クラスごとに出る課題が異なるので、指示に従いましょう。ただし、基本レベルができていないのに、練習レベルまで適当に終わらせるのは、成績が伸びない典型パターンです。算数は、やはり基礎を徹底的に固める必要があります。

特に早稲アカは面倒見が良い分、宿題チェックの厳しい先生がいます。もちろん宿題はやった方がいいですが、怒られないために宿題をこなすことが目的になってしまっては本末転倒なので、しっかり定着させられる量まで取捨選択をしてください。

また、解く際は授業で習ったやり方を踏まえましょう。間違えた問題は解説をしっかり読みながら解き直し、さらに後日も

う一度解き直しをします。定着させるためには、ある程度反復が必要です。なお、後期からは難関校対策と有名校対策の2種類のラインナップになります。

▷ 上位校への算数

上位校を目指す生徒向けの教材で、STANDARD、ADVANCE という2つのレベルに分かれています。最上位の SS クラスでメインに使用されます。

基本的に使われるのが STANDARD、さらに難易度が高いのが ADVANCE というイメージです。どれに取り組むかは、塾やクラスごとの指示に従ってください。

しかし、**上位校への算数**は難易度が高いので、難し過ぎると感じる場合は**バックアップテキスト**からしっかりできるようにしていきましょう。

どっちに取り組もう…

▷ バックアップテキスト

基本的には夏休みに配られるテキストです。基礎力を固めることを目的としており、入試までに三周ほどするように指示が

出ます。

　算数の偏差値55程度の実力を確実につけるためには非常に有効です。1日に解く問題数・ページ数を決めて、どんどん進めましょう。上位クラスでは使わないことが多いですが、個人的には上位の子も夏休みにひと通りこなしておくと安心だと思います。

▷四科のまとめ

　入試に欠かせない知識や技術が集約されているテキストです。オススメは、夏休みまでに一周できるように取り組むこと。毎日のルーティンに取り入れてもいいですし、春休み、ゴールデンウィーク、夏休みなどの長期休みを利用するのもいいでしょう。

　夏休みが終わったら、「1回目で間違えた問題のみ直す→そこでも間違えた問題を直す」を繰り返して、9～10月の終わりまでにすべての問題を解ける状態になるとベストです。

　バックアップテキストと役割が似ていますが、違いはこちらの方がやさしい点です。偏差値55以上なら**バックアップテキスト**、偏差値50までなら**四科のまとめ**を完璧にしましょう。

小学校6年生の理科

1 ポイント

　中心に使うのは**予習シリーズ**ですが、独自の教材も利用します。5年生までにひと通り終えたカリキュラムを復習しながら、さらに深い内容を学んでいきます。

　5年生まで毎週ハイペースで新しい単元を習ってきたので、苦手単元を克服できずに6年生を迎えているお子さんがほとんどです。そのため、まずは毎週の授業の中で、あらためて浮き彫りになった苦手単元は、その都度つぶしましょう。また、物理や化学の計算単元は、演習をどんどん積みながら原理原則をしっかり理解することが重要です。

　理科が苦手な理由は、ほとんどが「単純にその単元が嫌い」「覚えるべきことを覚えられていない」「原理原則を理解しきれていない」という3つのどれかに当てはまります。

　「単純にその単元が嫌い」に代表される単元は、「昆虫」です。虫と聞いただけで拒否反応を示してしまうお子さんは少なくありませんが、6年生になったら我慢して学習する必要があります。「覚えるべきことを覚えられていない」は、例えば「気体の発生」の単元で「AとBを混ぜたらCができる」ということを覚えておらず、その先に進むことができないということです。

計算の単元に多い「原理原則を理解しきれていない」は、塾で習った解き方を再現できていないということ。それができずに自己流が混ざると、理科が苦手になってしまうでしょう。

　以上３つのどれかに陥ってしまっている場合は、**予習シリーズ**を読み込む、塾の先生に質問する、家庭教師の先生に手厚くサポートしてもらうなどして、苦手を克服しましょう。それができたら、あとは塾の演習課題をしっかりこなすことで、入試に必要な実戦力は身についていきます。

2 主な教材

予習シリーズ	授業で主に使用する教材。後期から難関校対策と有名校対策という２つのレベルに分かれる。
演習問題集	家庭学習用の演習型教材。後期から難関校対策と有名校対策という２つのレベルに分かれる（必修副教材）。
四科のまとめ	「これだけは押さえておきたい」という最重要事項をまとめた教材。
予習ナビ	毎週配信される、その週の単元の動画授業。
マスターテキスト	知識編と演習編に分かれており、予習シリーズの内容にリンクした塾オリジナル家庭学習用教材。
理科の基本事項	基本的な知識問題の答えがオレンジ色で書かれており、赤シートで隠しながら学習する塾オリジナル教材。

3 授業

　平常授業は週１回で、１コマ100分となります。入試を見越した内容を扱います。

　講義形式のインプット中心の内容だけではなく、化学、物理範囲の計算問題などの演習も授業中に行います。理科は、この計算

問題をいかにクリアするかが、大きな分かれ道となるので、授業中に指示される解き方の「型」を意識しましょう。例えば、「てこ」の問題では「まずは支点の位置を決める→力の矢印を書く→回転方向を書く→つり合いの式を立てる」という流れで説明されますが、それをそっくりそのまま再現するのです。

　1学期のうちは知識の定着がテーマです。早めに苦手な単元をつぶし、基本知識の定着を図りたいところです。

　2学期以降は実戦的な内容になるので、問題演習の時は、しっかり自力で解いてみて、その上で授業で説明される原理原則に則った解き方をしっかりマスターしましょう。

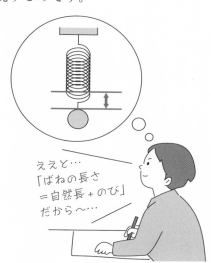

ええと…
「ばねの長さ
＝自然長＋のび」
だから～…

④ 学習の進め方

▷予習シリーズ

　前期はその週の単元の説明があるだけですが、文章以外の図や写真もしっかり見てくださいね。文章だけだとイメージしづらい部分もわかりやすくなるはずです。

　ただ、6年生になると1週間で学ぶ内容が非常に多いです。そのため、苦手単元はかなり苦労すると思います。そんな時は、4・5年生の**予習シリーズ**に戻りましょう。一見、遠回りの学習に思えますが、「苦手な単元だー」と言いながら、いつもと

同じように取り組んでしまうお子さんが多いです。

　ベースとなる暗記事項を覚えていなかったり、原理原則が理解できていなかったり、典型的な解き方を実践していなかったりすることが苦手の原因です。前の学年の教材も合わせて取り組む“丁寧な”学習が重要です。

　後期は演習型の教材になるので、しっかり問題に取り組みましょう。直す時は解説を読むだけでなく、**予習シリーズ**で該当の単元を探し、再度確認します。

　そして、やはり原理原則が理解できているかどうかの確認もしておきたいですね。それを判断する一番わかりやすい方法は、お子さんに説明してもらうことです。保護者の方が「これはどうしてこうなるの？」と質問して、説明してもらいましょう。そこで、納得できる説明ならば理解していると言えます。少しでも不明瞭なところがあれば、もう一度、親御さんと一緒に**予習シリーズ**を読んだり、先生に質問したりして、しっかり解決してください。

▷ 演習問題集

　演習問題集は"自己流"で解いているようだと、いつまで経っても安定しません。**予習シリーズ**で学んだことを確認し、「この問題はこう解くのだ！」というマニュアルを習得できたら怖いものなしです。

　前期に使う**演習問題集**の構成は、「基本問題」「練習問題」「発展問題」になります。お子さんに合わせた難易度の問題を取り組んでください。間違えた問題は、**予習シリーズ**に戻って確認しましょう。

　後期になると、「有名校対策」と「難関校対策」の２種類に分かれます。有名校対策は「基本問題」「練習問題」、難関校対策は「練習問題」「発展問題」という構成です。２冊とも「練習問題」は共通のものです。お子さんの難易度の問題を解き、直しでつまずいたら**予習シリーズ**に戻りましょう。

演習問題集で
間違えた問題は、
予習シリーズの解説を
チェック！

▷ 四科のまとめ

　入試までに絶対覚えておきたい知識がまとめられた教材です。「知識の確認」「典型題の攻略」「入試問題に挑戦」という

構成になっています。

　暗記系の中心は、**マスターテキスト**や、**理科の基本事項**を使って学習していきます。

　理科の**四科のまとめ**は、早稲アカ6年生の宿題として出ないことも多いと思います。ただ、基本がよくまとまっているので、苦手な単元や、より強化したい単元をスポット的に学習するのに使うといいでしょう。

▷マスターテキスト

　マスターテキストは、塾オリジナルの教材です。「知識編」と「演習編」が別冊になっています。

「知識編」は、基本的な知識が穴埋め形式でまとめられ、毎週指定範囲の確認テストが行われます。該当箇所をコピーして、週2回取り組むのがオススメです。あるいは、オレンジのペンで答えを記入し、隙間時間に赤シートで隠して覚えるのもいいでしょう。

「演習編」は、理科における典型問題がまとめられ、例題に対して類題も用意されています。ただ、こちらもあまり宿題として扱われることはないので、苦手単元の対策などに用いましょう。

▷理科の基本事項

　早稲アカのオリジナル教材で、5年生から配られます。基本的な知識について、オレンジで書かれた答えを赤シートで隠しながら暗記していきます。記述問題や作図問題も学習できるので、単なる暗記だけにはなりません。

ただ、単純な一問一答で図がないため、ともすると単調な学習になりがちです。苦手な単元は、**予習シリーズ**で詳しく確認することも意識してください。毎週、指定箇所について確認テストが行われるので、確実に暗記できるように取り組みましょう。

小学校6年生の社会

1 ポイント

　一般的な塾と同様に、6年生のはじめから公民分野を学習し、1学期の終わり頃から歴史と地理の復習に入ります。そういった事情もあり、社会は最も仕上がるのが遅い科目と言えます。

　6年生になったら、まずは公民をしっかり学び、その上で地理と歴史も固めていく必要があります。**四科のまとめや社会の基本事項**のような基本をおさらいできる教材を夏休みが終わるまでに一周し、その後はできる限り何周も回して磐石（ばんじゃく）な知識を身につけましょう。

　基本的な知識を身につけたら、入試に向けて実戦力をつけていかなくてはなりません。後期に入ったら、テキストも演習メインの内容になります。志望校別の講習や過去問演習を通して、たくさん演習をしていきます。

　社会の入試は、偏差値の高い学校ほど単なる知識を問う問題は少なくなります。はじめて見る画像や資料から、持っている知識を組み合わせて考える問題や、説明文を読んでわかることを記述で答える問題などが出題されます。

　他にも、一般常識を問うような問題が出ることがあります。例えば、麻布中ではみりん・日本酒・酢・醤油・甘酒の中から主

に米を使った発酵食品ではないものを答える問題、聖光学院中では３合の米を炊いたご飯を150gずつよそうと茶碗何杯分になるかを答える問題が出題されています。

このような、読解力や類推力、常識力などが問われる問題も増えています。日頃のニュースで気になる題材があったらご家庭で話し合ったり、街を歩いて気づいたことがあったら原因を考えたりして、「日常の中で学ぶ」姿勢を意識しましょう。

2 主な教材

予習シリーズ	授業で主に使用する教材。後期から難関校対策と有名校対策の２つのレベルに分かれる。
演習問題集	家庭学習用の演習型教材。後期から難関校対策と有名校対策という２つのレベルに分かれる（必修副教材）。
四科のまとめ	これだけは押さえておきたい最重要事項をまとめた教材。
予習ナビ	毎週配信される、その週の単元の動画授業。

3 授業

平常授業は週１回で、１コマ100分となっています。１学期のうちは、公民の新出単元を扱うので、基本的にはインプット中心で講義形式の授業になります。

２学期に入ると、入試に向けた実戦的な内容に入ります。得点力を身につけるためには、暗記だけではいけません。授業中に説明される"得点するための解き方"を理解しましょう。

例えば、地理ではグラフからどの工業地帯か答えるような定番問題があります。「□△工業地帯の鉄鋼業が○％」というように

数値として覚える必要はなく、それぞれの工業地帯の特徴を押さえておけばいいのです。

　京浜工業地帯なら機械・印刷業が多い、中京工業地帯なら最も機械工業が多い、阪神工業地帯なら金属・化学・機械工業がバランスよくある、などのツボを押さえていれば、丸暗記する必要はありません。こういった解き方のコツは授業でたくさん解説してくれるので、メモしながら理解しておくことが重要になります。

「□△工業地帯の鉄鋼業は○％」みたいに数値ではなく、各工業地帯の特徴を押さえよう

得点するための解き方を理解する

4 学習の進め方

▷予習シリーズ

　まず**予習シリーズ**全体をしっかり読みましょう。「ちょっと詳しく」や「関連することがら」などの補足部分もあわせて、じっくり読んでください。

　この**予習シリーズ**読みは、授業の記憶があるうちになるべく早く取り組んでください。授業当日の夜がベストですね。宿題としては出されないかもしれませんが、必ず取り組んだ方が良い理由が2つあります。

　1つは、**予習シリーズ**を読むことで授業内容を整理できるためです。そもそも、授業中にすべて吸収することは難しいはずです。

もう１つは、昨今の社会の入試問題の傾向に対応するためです。単なる知識を問うだけではなく、文脈を理解してその出来事が起こった理由を答えさせたり、説明から読解させたりする問題が増えています。普段から流れを意識して学習するために有効なのが、**予習シリーズ**を読むことなのです。しっかり読んだら、「今回のポイント」「要点チェック」にも取り組みましょう。

　また、後期になると、**予習シリーズ**の構成が変わり、「まとめ」「例題」「練習問題」という構成になります。「まとめ」は暗記マーカーを活用して覚え、その上で「例題」「練習問題」に取り組みましょう。

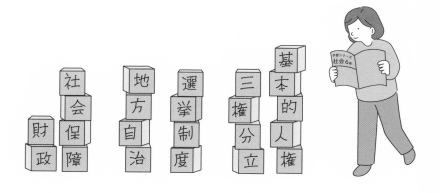

▷ 演習問題集

　演習問題集は、家庭学習用の教材になります。「まとめてみよう！」「練習問題」「発展問題」「記述問題にチャレンジ！」という構成になっています。

　「まとめてみよう！」は、最低限覚えるべき用語について穴埋め形式で学習していく部分です。この内容だけは確実にこなせるように、１週間のうちに何回か繰り返してください。また、

社会の用語は「漢字で書きなさい」とある問題が多いので、「まとめてみよう！」にあるものは最低限漢字で書けるようにしましょう。

「練習問題」「発展問題」「記述問題にチャレンジ！」に関しては、宿題として出されたものに取り組みましょう。答え合わせの時にただ写すだけではなく、**予習シリーズ**「本文」に戻って、その内容をもとに解き直しをしましょう。それをしないと、ただ答えを写すだけになりがちです。「ア」と間違えた問題を「イ」という正しい答えに書き直して、宿題をやった気になっているお子さんは本当に少なくないのです。

　また、選択肢問題の直しのポイントも付け加えておきます。例えば、4択問題で正解が1つだとすると、間違った選択肢は3つです。それらの何が間違いで、どうすれば正しい内容になるのか確認するのです。そうすれば、1つの問題から3つも4つも知識を吸収することができます。6年生になると、このくらいできるようになるといいのですが、最初はなかなか難しいので、親御さん主導でサポートしてあげてほしいと思います。

▶四科のまとめ

　入試までに絶対覚えておきたい知識がまとめられた教材です。早稲アカでは夏以降にメインで取り組みます。

　2学期からは、毎週のテストで該当箇所のチェックが行われます。そのペースに合わせて、しっかり基礎知識を定着させていきましょう。口頭での確認だと、漢字を含めて覚えられないので、できる限り紙に書くようにしてください。

潮目

三陸沖などの
寒流と暖流が
ぶつかるところ？
…潮目かな？

6年生
1週間のスケジュールサンプル

	6月10日 月曜日	6月11日 火曜日	6月12日 水曜日	6月13日 木曜日	6月14日 金曜日	6月15日 土曜日	6月16日 日曜日
07:00	算計算	算計算	算計算	算計算	算計算	算計算	算計算
07:30	国漢字とことば	国漢字とことば	国漢字とことば	国漢字とことば	国漢字とことば	国漢字とことば	国漢字とことば
08:00							
08:30							
09:00						週テスト対策	NN
09:30							
10:00							
10:30							
11:00	学校	学校	学校	学校	学校		
11:30							
12:00							
12:30						算演習問題集	
13:00							
13:30						算授業の復習	
14:00							
14:30							
15:00							
15:30						週テスト	
16:00							
16:30		算授業の復習		国予習シリーズ「本文」			
17:00	算数 国語		理科 社会		算数 国語		
17:30				国演習問題集			
18:00		国演習問題集					
18:30				社予習シリーズ「本文」		週テスト直し	NNの復習
19:00		国予習シリーズ「ことばの学習」					
19:30				社演習問題集			
20:00							
20:30							
21:00	国授業の復習				国授業の復習		
21:30		理マスターテキスト②理科の基本事項②		理マスターテキスト①理科の基本事項①			
22:00	算理社 四科のまとめ	算理社 四科のまとめ	算理社 四科のまとめ	算理社 四科のまとめ	算理社 四科のまとめ	算理社 四科のまとめ	算理社 四科のまとめ
完了チェック							

は塾の時間です　　　　は先週分の宿題です

6年生の
過去問演習と特別講習

① 過去問演習

　過去問は、夏休みが終わった9月から取り組むのが一般的ですが、中堅校を目指すお子さんは10〜11月スタートでもまったく問題ありません。それよりも、基礎的な内容をしっかり固めることの方がはるかに重要だからです。夏休み中に基礎固めを終えられない場合は、焦らずに継続してください。

　よく「過去問は10年分解かなくちゃいけない！」などと思い込んでいる方がいますが、10年分解いたから合格するものではありません。解きはしたけど、ろくに直しができていない受験生を毎年見かけます。やった気になって成績が伸びない典型です。

　時間配分、ミスの原因、問題傾向などを分析し、何が足りない

え、10年分も
やったの！？

過去問添削
お願いしまーす

ずっしり…

のか、どうすれば合格点に届くのかを考えて、対策を実行することが重要なのです。過去問は量よりも質であることを忘れずに、しっかり取り組むようにしましょう。

　早稲アカは面倒見の良さが特徴なので、提出すれば過去問についてもしっかり添削（てんさく）してくれるはずです。添削（てんさく）内容を踏まえて、しっかり分析を行い、毎回過去問を解くたびに成長できるように取り組んでください。

2 特別演習

　6年生になると、通常授業以外にも、毎週日曜日に行われる講座やオプション講座が増えます。早稲アカはオプション講座が非常に多く、お子さんに必要なものを選んで受講しましょう。講座の紹介と、どのような人が受講するべきかをお伝えします。

①NN志望校別コース

　4月から始まる難関校向けに開催される志望校別コースです。ご存知の方も多いと思いますが、NNとは「何が何でも」を表し

ています。

　同じ学校を志望する生徒が、他塾からも含めてたくさん集まります。非常に緊張感のある授業が展開され、本気で難関志望校を目指す生徒には強い味方となります。受験対策において、早稲アカ最大の強みと言ってもいいでしょう。

　コースは、開成・麻布・武蔵・駒場東邦・早稲田・早大学院・慶應普通部・桜蔭・女子学院・雙葉・渋幕・早実について設置されています。それぞれのコースは、指定のテストで受講基準を満たさないと受講することはできません。そのため、まずはテストで基準点を満たせるようにがんばりましょう。

　無事に受講できた場合は、帰宅後、授業で扱った問題の直しをしっかりしましょう。志望校に特化した問題演習ができるので、非常に参考になるはずです。

②難関プログレスコース

　難関プログレスコースは、NN志望校別コースに希望するコースがない場合や、受講資格が得られない場合に受講を検討するコースです。

　時間は9：30 〜 18：00で、お昼のお弁当も持ち込み、日曜日に1日中塾の授業を受けるスケジュールです。

　難関校をターゲットとして、

日曜だけど
「難関プログレスコース」
今日1日がんばるぞ！

お弁当
忘れてるわよー!!

各単元の重要事項を学習し、そこにひもづいた演習も行います。自宅で学習するよりは、しっかり演習量を確保できます。

ただ、特定の学校対策をするわけではないので、特殊な問題傾向の学校を受験予定のお子さんにとっては、やや非効率になる可能性があります。

日曜日がほぼ1日つぶれてしまうので、受験校とこのコースで扱う問題に大きな違いがある場合や、家庭での学習時間がしっかり取れる場合、そして何よりも基礎が固まっていない場合は、必ずしも受講する必要はありません。

特に、6年生の前期はまだ基礎を固める時期です。土曜日は週テストがあることを考えると、日曜日は貴重な勉強日。塾の先生に強く勧められるかもしれませんが、必要かどうかの判断は冷静に行なってください。ただ、家庭学習の時間がしっかり確保できないのなら、塾で授業を受けた方が確実に捗るので、ぜひ受講しましょう。

③日曜特訓

その名の通り日曜日に行われる講座です。NN志望校別コースや難関プログレスコースと違って志望校別特訓ではなく、苦手な科目や単元を学習する講座です。毎週、科目や単元が変わるので、弱点を克服したい単元のみ申し込むといいでしょう。

授業時間は 12：45 ～ 18：00 なので、NN や難関プログレスと併用することはできません。イメージとしては、NN や難関プログレスの受講が難しい、あるいはレベルに合っていないお子さんが、苦手克服のために使うものです。特定の単元だけをひたすら取り組むのは、苦手克服において非常に有効ですよ。

④春期講習会

　春休みを利用して、季節講習が開催されます。8 日間開催され、1 日の授業時間は 8：50 ～ 15：00 となります。

　基本的には、受験生にとって重要な単元の復習になります。春期講習の内容をすべて復習するのは日程的にかなり厳しいので、苦手単元が出てきたら重点的に復習するといいでしょう。

⑤夏期講習会

　受験の天王山である夏休みの季節講習です。6 日間連続で塾に行き、1 日休みというスケジュールです。授業時間は、9：00 ～ 16：50 となっています。

　復習ができるのは、帰ってきてからの数時間と、休みの日を使うしかありません。夏期講習の内容をすべて復習するのは難しいので、苦手な科目や単元に

ようやく初日が終わったけど帰って復習しないと…

絞って重点的に復習しましょう。

⑥夏期集中特訓

　夏期講習は、お盆期間が休みになりますが、その期間に夏期集中特訓が開催されます。授業時間は8：50 〜 18：30です。

　ちなみに、早稲アカ名物として夏期合宿がありますが、コロナの影響で、しばらくは開催されていませんでした。2023年は、4年生の合宿が開催されたということです。

⑦冬期講習会

　冬休み期間に開催される冬期講習です。全8日間の開催で、授業時間は、8：45 〜 16：35になります。

　もう受験直前なので、内容としてはほとんど演習になります。ひたすら解いて、直しをして、最終確認をしていきましょう。

⑧正月特訓

　受験に休みはなく、正月にも講座があります。大晦日も元旦も塾があります。もちろん、演習中心の内容です。ふだんNNを受講しているお子さんは、志望校に沿った最後の対策をします。

持ち偏差値より低い学校の説明会にも行く

　中学受験の目的は様々あると思いますが、志望校への進学が当然大きな目的でしょう。学校選びに関し、とにかく注意してもらいたいのが、「幅広い偏差値帯から学校選びをする」ということです。

　学校説明会はたくさん開催されますが、持ち偏差値と同じか、それよりも高い偏差値の熱望校の説明会に参加することが多いでしょう。あこがれの学校を見学し、モチベーションを上げるのは良いことですが、保護者のみなさんは冷静な視点を持ってください。

　脅かすつもりはありませんが、受験は思っている以上にシビアです。併願戦略を間違えてしまうと、どこにも合格できない、いわゆる「全落ち」という事態もあり得ます。何年もかけてがんばってきたのに１つの合格ももらえないというのは、受験指導者の立場からも絶対に避けたいことです。

　そのためには、**持ち偏差値から考えて合格率が高そうな学校の中にも、「行きたい」と思える学校を見つけておくことが重要です。**たとえ第一志望校や第二志望校とご縁がなくても、「行きたい」と思える学校に合格することで、結果的に納得して受験を終えることができます。

　受験に絶対はありませんが、持ち偏差値より５〜10は余裕のある学校から探しましょう。第一志望校の説明会に行くことも重要ですが、受験の厳しさを知る者としては、むしろ行きたい安全校を探すことの方がはるかに重要だと言えます。

　よく、「偏差値〇以下の学校には行く気はありません」と言う保護者の方がいます。しかし、キレイごとではなく、中学・高校の魅力は偏差値に比例するものではありません。「偏差値が低いから」という色眼鏡を外し、様々な学校の説明会に行くことで、きっと素敵な志望校が見つかるはずですよ。

ユウシン

YouTubeチャンネル「ホンネで中学受験」、個別指導塾Growy代表。自身も中学受験を経験し、大学進学後、大手集団塾講師や家庭教師として中学受験業界に入る。中学受験を外からも内からも見る中で、情報発信の必要性を感じ、YouTubeチャンネル「ホンネで中学受験」を立ち上げる。学習法、学校紹介、塾紹介などの発信をしており、登録者は3万人以上にのぼる。「やり抜く力」と「学ぶ力」を育むことを目的に立ち上げたオンライン個別指導塾Growyは、コーチングとティーチングの両面から指導していく形式で、立ち上げ初年度から満席状態となっている。指導のかたわら、SNS発信、講演、執筆、メディア出演などの活動も精力的に行なっており、「幸せな中学受験」を実現するために奮闘している。

◉ YouTube「ホンネで中学受験」
https://www.youtube.com/@honnedechuju

◉個別指導塾Growy
https://www.growy.education/

SAPIX、日能研、四谷大塚、早稲田アカデミー
中学受験4大塾でがんばるわが子の合格サポート戦略

2024年5月31日　初版第1刷発行
2024年6月20日　初版第2刷発行

著　者　ユウシン
発行者　淺井 亨
発行所　株式会社実務教育出版
　　　　〒163-8671　東京都新宿区新宿1-1-12
　　　　電話　03-3355-1812（編集）　03-3355-1951（販売）
　　　　振替　00160-0-78270

印刷／株式会社文化カラー印刷　　製本／東京美術紙工協業組合

©Yushin 2024 Printed in Japan
ISBN978-4-7889-0932-8 C0037